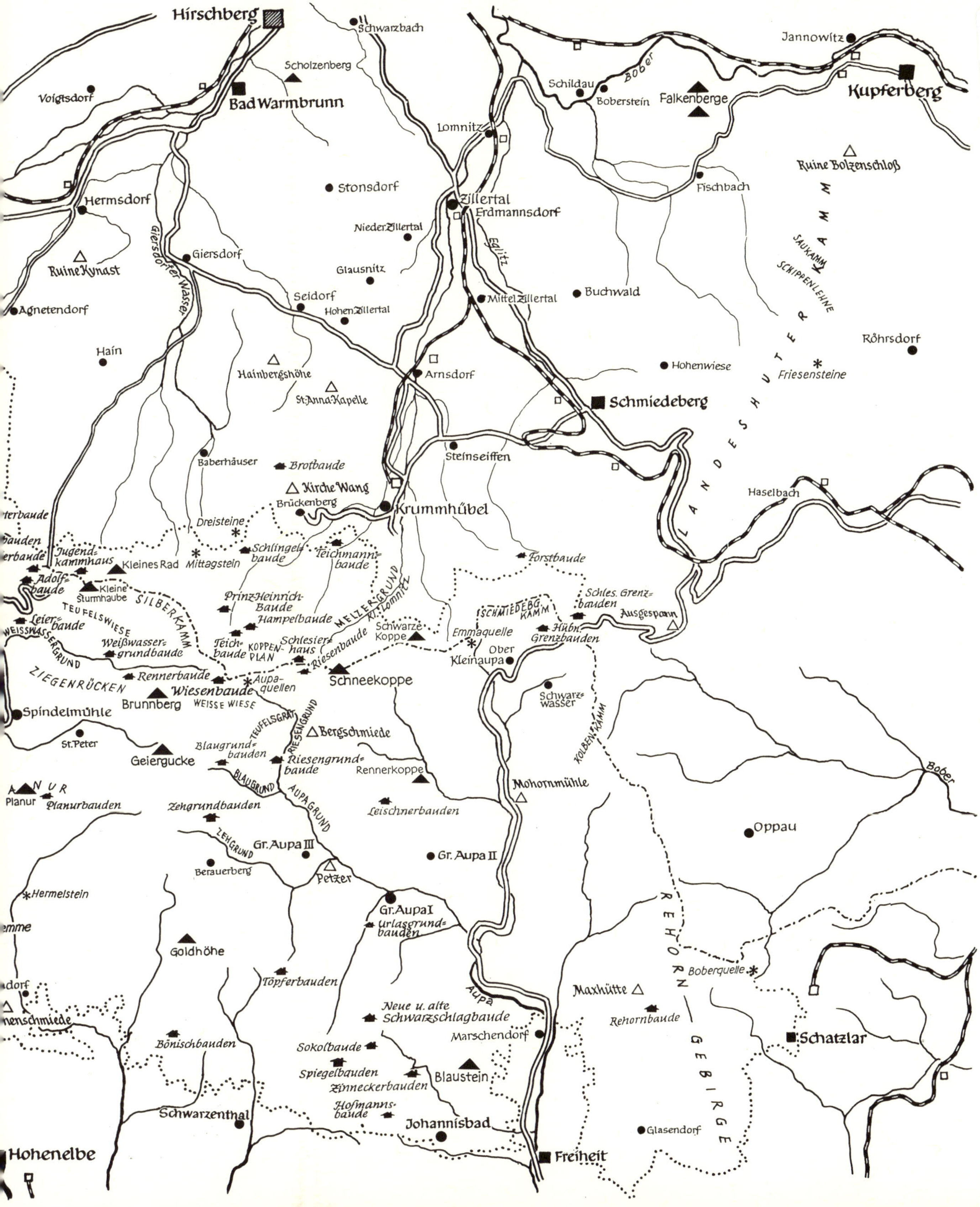
Hirschberg
Schwarzbach
Scholzenberg
Bad Warmbrunn
Voigtsdorf
Jannowitz
Bober
Schildau
Boberstein
Falkenberge
Kupferberg
Lomnitz
Ruine Bolzenschloß
Stonsdorf
Hermsdorf
Zillertal
Erdmannsdorf
Fischbach
Nieder Zillertal
Ruine Kynast
Giersdorf
Giersdorfer Wasser
Glausnitz
Eglitz
Saukamm
Schippenlehne
Buchwald
Seidorf
Hohen Zillertal
Mittel Zillertal
Agnetendorf
Röhrsdorf
Hain
Hainbergshöhe
Arnsdorf
Hohenwiese
Friesensteine
St. Anna Kapelle
Schmiedeberg
Landeshuter Kamm
Steinseiffen
Baberhäuser
Brotbaude
Kirche Wang
Haselbach
Brückenberg
Krummhübel
Dreisteine
Schlingelbaude
Teichmannbaude
Forstbaude
Jugendkammhaus
Kleines Rad
Mittagstein
Adolfbaude
Kleine Sturmhaube
Silberkamm
Prinz-Heinrich-Baude
Melzergrund
Kl. Lomnitz
Schmiedebg. Kamm
Schles. Grenzbauden
Ausgespann
Teufelswiese
Hampelbaude
Leierbaude
Weisswassergrund
Weißwassergrundbaude
Teichbaude
Koppenplan
Schlesierhaus
Riesenbaude
Schwarze Koppe
Emmaquelle
Hübn. Grenzbauden
Ober Kleinaupa
Ziegenrücken
Rennerbaude
Brunnberg
Wiesenbaude
Weisse Wiese
Aupaquellen
Schneekoppe
Schwarzwasser
Spindelmühle
Teufelsgrat
Riesengrund
Bergschmiede
Kolbenkamm
St. Peter
Geiergucke
Blaugrundbauden
Riesengrundbaude
Bober
Blaugrund
Rennerkoppe
Mohornmühle
Planur
Planurbauden
Zehgrundbauden
Aupagrund
Leischnerbauden
Oppau
Zehgrund
Gr. Aupa III
Gr. Aupa II
Berauerberg
Petzer
Rehorn
Hermelstein
Gr. Aupa I
Urlasgrundbauden
Goldhöhe
Boberquelle
Töpferbauden
Maxhütte
Aupa
Neue u. alte Schwarzschlagbaude
Rehornbaude
Gebirge
Marschendorf
Schatzlar
Bönischbauden
Sokolbaude
Spiegelbauden
Blaustein
Zinneckerbauden
Schwarzenthal
Hofmannsbaude
Johannisbad
Glasendorf
Hohenelbe
Freiheit

Eberhard u. Ines
08.07.1998

Erle Bach

DAS GANZE RIESENGEBIRGE IN FARBE

Rübezahls böhmisch-schlesisches Reich

Erle Bach

DAS GANZE RIESENGEBIRGE IN FARBE

Rübezahls böhmisch-schlesisches Reich

96 Großfotos

Mit 48 Zeichnungen, u. a. von

Johannes Hinz

ADAM KRAFT VERLAG

Titelbild: Laurentiuskapelle, Wetterwarte und neues polnisches Berghotel auf der Schneekoppe (Foto: H. Saukel)

Landkarte im Vorsatz und Nachsatz: Ernst R. Döring

Die Deutsche Bibliothek – CIP-Einheitsaufnahme

Das ganze Riesengebirge in Farbe / Erle Bach. – 3. Aufl. –
Würzburg: Stürtz Weidlich Kraft, 1995
(Ostdeutsche Heimat in Farbe; Bd. 17)
ISBN 3-8083-1087-1
NE: Bach, Erle; GT
Vw: Strehblow, Barbara [Wirkl. Name] → Bach, Erle

Druck: Heidelberger Reprographie, Eppelheim
Verarbeitung: Universitätsdruckerei H. Stürtz AG, Würzburg
ISBN 3-8083-1087-1

MEINE BERGE LEUCHTEN WIEDER

Meine Berge leuchten wieder,
Menschenfern und nachtbetaut.
Atme wieder Heimatodem,
Wälder rauschen laut.

Und wie Kinder mich umringen
Meine Quellen in der Nacht.
Stehe stumm am Silberwasser,
Wo's durch dunkle Erlen lacht –.

Funkeln Sterne. – Rings in Weiten
Hört man keinen Menschenlaut.
Meine Berge leuchten wieder
Zauberstill und nachtbetaut.

Carl Hauptmann

EINLADUNG IN RÜBEZAHLS REICH

Dies ist eine Einladung ins Riesengebirge, in die geheimnisvolle Zuflucht des alten Berggeistes, die sich mit der 1605 m hohen Schneekoppe und durchschnittlichen Kammhöhen von 1200–1300 m wirkungsvoll zu schmücken weiß. Dennoch bleibt es, trotz aller alpinen Verwandtschaft, nur ein Mittelgebirge – doch was für eines: das schneereichste und schneesicherste in ganz Europa. Kein Wunder, daß im Riesengebirge der Skisport vor hundert Jahren schon eine Blütezeit erlebte und sich dessen Beliebtheit bis heute erhalten hat. Ein Sprichwort allerdings weist auf die Kehrseite dieser märchenhaften Winter hin: »Im Riesengebirge ist es neun Monde Winter und drei Monde kalt ...«

Das Sprichwort verschweigt, daß man dort selten einen windstillen Tag erlebt. Der Wind ist täglicher Begleiter, nicht selten wird er plötzlich zum Sturm und im späten Herbst und Frühjahr zum Orkan. Der Riesengebirgler kämpft das ganze Jahr gegen diesen Wind, was seinem Charakter durchaus zugute gekommen sein soll. Wer das kraftvolle Wirken der Natur liebt, kann dort erleben, wie der weit aus dem Osten heranbrausende Wind mit ungeheurer Kraft gegen die Bergkette der Sudeten anrennt, deren höchsten Teil das Riesengebirge bildet. Es weist eine Längenausdehnung von rund 40 km auf und eine Breite (von Norden nach Süden) von je 30 km von der Staatsgrenze an, die auf der Kammlinie zwischen Böhmen und Schlesien, das heißt heute zwischen Tschechien und Polen verläuft. Der immerwährende Wind auf dem Kamm erfaßt jeden. Gute Skiläufer lassen sich treiben, andere tun gut daran, mit einem Sprung eine andere Richtung als der Wind einzuschlagen. Er ist Freund und Feind zugleich. Nicht selten mäht er Schneisen von Windbruch in die Waldbestände, er ist gefürchtet und geliebt als Urelement.

Rübezahl, Herr der Berge

Wer dort leben will, muß dieses rauhe und unendlich schöne Gebirge lieben, sonst treibt es ihn in die bequemeren Täler. Die Kargheit des Lebens inmitten von Gesteinsgeröll in einer schwer zugänglichen Urweltlandschaft fordert auch heute dem Menschen noch einiges ab, obwohl das Riesengebirge inzwischen durch Zufahrten und Lifte besser erschlossen ist. Damit wurden einige Zentren, wie Krummhübel-Brückenberg, Schreiberhau, Harrachsdorf und Spindlermühle mit St. Peter und Petzer für den Massentourismus geöffnet. Das mag den einen freuen, der andere wird es bedauern.

Trotzdem ist vieles von jenem Riesengebirge erhalten geblieben, das vor 1945 als das liebste Reiseziel der Deutschen galt. Das Riesengebirge kennenzulernen heißt nicht mehr davon loszukommen, auch wenn die Zeiten der romantischen Hörnerschlittenfahrten und der Ski-Aufzüge mit echten Pferdestärken vorbei sind. Selten bestimmt in dieser Landschaft der Mensch den Tag. Meistens muß er lernen, sich einer größeren Macht unterzuordnen, sich mit ihr einzurichten. Wanderer in Rübezahls Reich erfahren das nicht selten, wenn diese vielgestaltige Berglandschaft sich wie eine Visitenkarte des alten Berggeistes präsentiert!

Da wechselt jäh die Milde eines bunten, blumengeschmückten Tales mit beißender Kälte, heulendem Wind und Regengüssen, vom Nebel ganz zu schweigen. Man gerät vom sonnenbeschienenen Paradiesgärtlein in irgendeiner Senke des südlichen Teiles plötzlich in die Weiten der arktischen Tundra, einschließlich deren Pflanzenwelt. Der Reiz dieser Wandergebiete liegt in den Gegensätzen, wenn auch heute mit dem kleinen Schönheitsfehler, daß sich das ganze Riesengebirge nicht auf einmal erkunden läßt. Die Staatsgrenze zwingt den Touristen dazu, zwei Reisen zu unternehmen: einmal von der schlesischen Seite aus und einmal von der böhmischen. Beides gehört zusammen, doch sind Nord- und Südseite verschieden. Dort fällt der Gebirgskamm schroff, wie abgebrochen ab, hier läuft er weich in vielen kleinen Wellen aus, sobald die alpine Region um Brunnberg und Ziegenrücken hinter ihm liegt.
Nach den politischen Veränderungen in Osteuropa brauchen Besucher aus der Bundesrepublik Deutschland nur noch den Reisepaß, um das Riesengebirge zu erreichen. Neben der Möglichkeit, mit dem eigenen Auto zu fahren, gibt es auch immer mehr Busunternehmen, die Reisen in Rübezahls Reich anbieten. Hingegen ist es einigermaßen umständlich, die Bahnvariante zu wählen. Am besten, man geht in ein Reisebüro und läßt sich dort beraten.
Auf der böhmischen Seite ist in den Touristenzentren auf die ausgewiesenen Park- und Campingplätze zu achten. Wildes Parken kann zu Ärger führen. Die Bevölkerung auf beiden Seiten der Grenze bemüht sich, mit den Besuchern Deutsch zu sprechen, so daß man Auskunft erhalten kann. Beim Fotografieren beschränke man sich auf die Landschaft und vermeide es, öffentliche Gebäude, Verkehrseinrichtungen einschließlich Brücken mit zu fotografieren. Auch Filme darf man nicht in beliebiger Menge einführen. Für einen westlichen Touristen hört sich das alles etwas umständlich an, wer sich jedoch gut informiert, darf mit einem Urlaub voll unvergeßlicher Eindrücke rechnen.
Viel Schönes und Einmaliges wird ihm im Riesengebirge begegnen: Nur hier werden die Winter zu Glasmachermärchen. Wenn der Anraum, wie man dort den Rauhreif nannte, sich Schicht um Schicht auf alles legt, geformt vom Wind, läßt der Frost bizarre Märchengestalten erstehen, deren Eiskristalle im Sonnenlicht funkeln oder sich im weichen Dämmerlicht verändern, als ob sie sich bewegten. Prinzen und Prinzessinnen, Kamele und Bären, Tänzerinnen und Rübezahl persönlich geben sich ein Stelldichein.
Hier mußten die märchenhaften Dichtungen der Brüder Hauptmann entstehen, sei es »Und Pippa tanzt« von Gerhart, dem Berühmteren, oder die Dichtung um die Bergschmiede im Riesengrund, die Rübezahlgeschichten und wunderschönen Gedichte von Carl Hauptmann. Auf Schritt und Tritt begegnet hier der Wanderer Orten der Weltliteratur, kann nachvollziehen, welche Empfindungen und Gefühle sich der Dichter bemächtigten. Hermann Stehr, der zuletzt in Schreiberhau lebte, darf in diesem Reigen nicht fehlen, ebensowenig Ruth Storm, der das Riesengebirge zentrales Thema ihrer Dichtung geworden ist.
Alle Riesengebirgler gehörten zum Stamme der Schlesier, was Mundart, Trachten, Brauchtum und Lebensart angeht. Unabhängig davon, welchen Landesherren Teile des Riesengebirges jeweils gehörten: Es war vom frühen Mittelalter und den ersten Besiedlungen an ein deutsches Gebirge in Sprache, Bauweise, Literatur und Kunst. Kultureller Austausch und nachbarschaftliche Berührungen schufen daraus eine europäische Kulturlandschaft rein deutscher Prägung, sich ständig fortentwickelnd bis zum Schicksalsjahr 1945, als die angestammte deutsche Bevölkerung vertrieben wurde.
Obwohl in diesem Buch die Gegenwart nicht unberücksichtigt bleibt, so beziehen sich die Beschreibungen des Typischen von Land und Leuten auf die in Jahrhunderten gewachsene Zeit davor. Denn sie drückte dem Riesengebirge ihren unverwechselbaren Stempel auf.
Seit 1945 haben sich andere Menschen dort angesiedelt, mit anderer Muttersprache und anderen Eigenheiten. Erst die

PANORAMA VON DER SCHNEEKOPPE 1605 M.

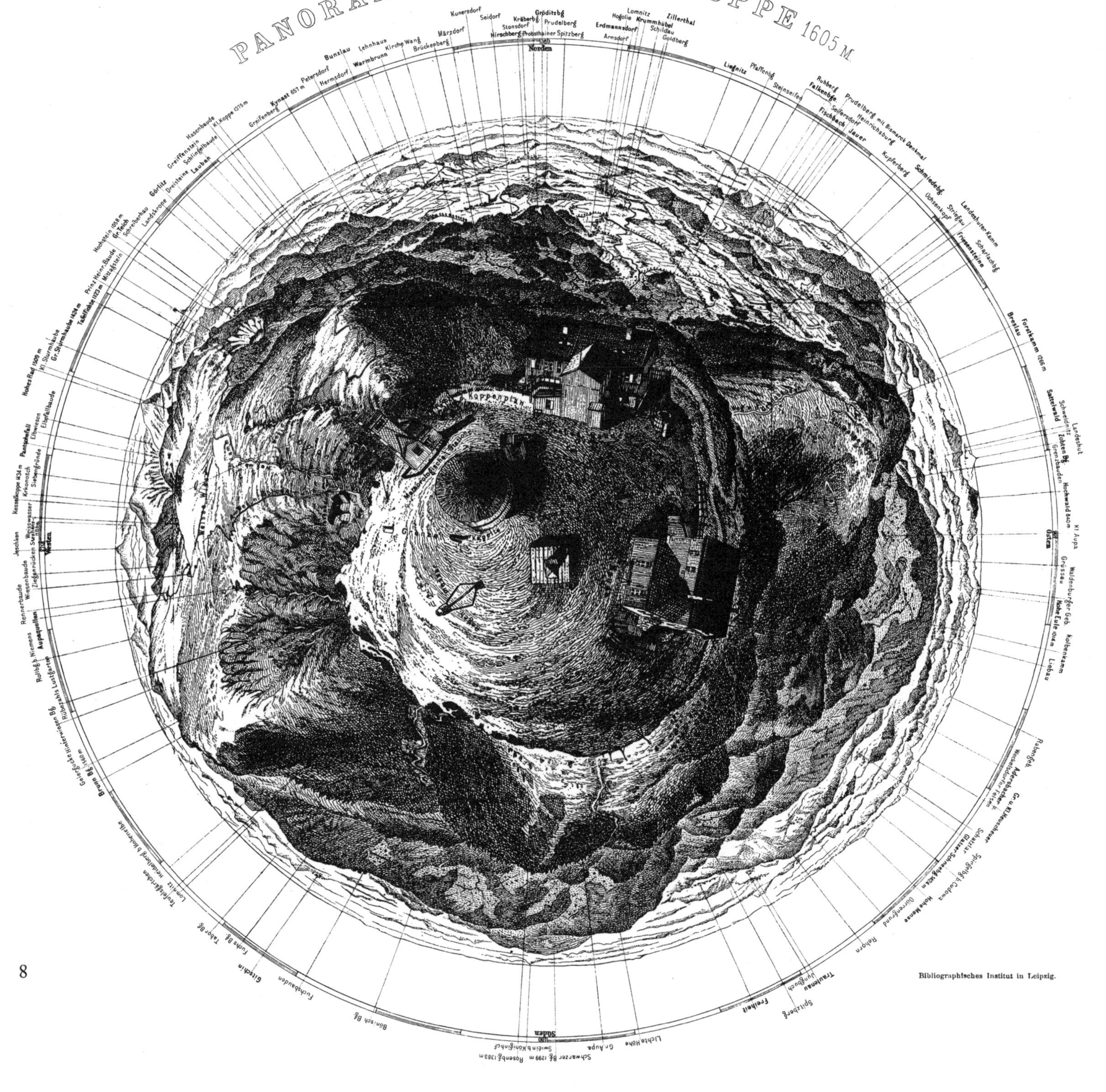

8

Bibliographisches Institut in Leipzig.

Zukunft wird zeigen, ob es ihnen gelingt, eines Tages ebenfalls zu kultureller Einheit zusammenzuwachsen.
Der Besucher findet zweierlei: Heutiges, am Anfang einer unbekannten Entwicklung stehend, daneben vielfältige Zeugnisse der gewachsenen Lebensweise vieler Generationen schlesisch gepräger Riesengebirgler, die hier lebten, wirkten, litten und liebten.
Auch wenn man auf allen Wegen den Hinterlassenschaften der Eiszeit begegnet, die dieses Gebirge formte, so war und ist das Riesengebirge doch eine Landschaft des Herzens. Heimatdichter haben es immer wieder besungen, wie Othmar Fiebiger, der 1910 bei einer Rast in der Peterbaude des Riesengebirglers Heimatlied »Blaue Berge, grüne Täler« dichtete, das ein Jahr später sein Freund Vinzenz Hampel vertonte. Bis heute hat es nichts von seiner Beliebtheit eingebüßt. Mit einfachen Worten gab der bei Trautenau beheimatete Othmar Fiebiger seine Gefühle für seine Bergheimat wieder, die die Riesengebirgler bis heute bewegen, als wären es ihre eigenen. Daran ändert sich nichts, auch wenn sich klug dünkende Leute dieses Heimatlied manchmal belächeln. Dagegen steht die Liebe zu der Landschaft ihrer Herkunft, die inzwischen bei vielen zu lebenslanger Sehnsucht wurde, weil ihnen das Schicksal die Nähe versagte.
Riesengebirge, das sind nicht nur Berge und Täler, das ist wie Vater und Mutter. Wieder dorthin zu fahren ist wie eine Einkehr bei der Großmuttel. Denn alles ist vertraut – wenn auch manchmal furchterregend – tröstend, beschenkend und unvergeßlich.
Solche Eigenschaften werden auch dem Berggeist Rübezahl zugeschrieben, als sei er selbst das ganze Gebirge. Ohnehin ist sein Auftauchen dort nicht verläßlich geklärt. Vermutungen weisen auf die Bergleute hin, auf die goldsuchenden Walen. Rübezahl entzieht sich mit der ihm eigenen Art immer wieder wissenschaftlicher Forschung. Es bleibt die Freude an der Sage, an der Legende, wie sie 1735 der in Jena geborene Johann Karl August Musäus in seinen Volksmär-

Inbegriff der Heimatliebe

chen der Deutschen niedergeschrieben hat, nachdem er sie vorher den Erzählern in den Spinnstuben ablauschte.
Früher als Musäus, 1662, berichtete der Leipziger Magister Johannes Praetorius über unseren alten Rübezahl, zu einer Zeit, als viele Gelehrte und andere Leute die Mühsal auf sich nahmen, diese fast menschenleeren Berge kennenzulernen. In der »Daemonologia Rubinzalii Silesii« schreibt er: »Unter dem Berge, gegen Böhmen zu, hat es einen Grund, der wird der Teufelsgrund genannt. Da hat der Geist seinen Garten, darinnen vornehme Wurzeln zu finden, als die rechte Weißwurzel, Mondenkraut, Springwurzel, die weiße Wegwart oder Hindleufte und andere vornehme Sachen mehr; wer aber was davon bekommen soll, der muß solches von dem Geiste erlangen: will er ihme solches mit Gewalt nehmen durch conjurationes oder andere Mitte , so steht Leib- und Lebensgefahr darauf. Er, der Geist, teilet auch Gutes mitte, und manchen wunderlich verehret. Er lässet sich in vieler Gestalt

Vater Rübezahl beschützt die Tierlein

sehen. Er tut niemanden Leides, wenn man ihn nur mit Frieden lässet; tut man ihme was zuwider, und wann das Wetter noch so schön wäre, so wird er bald mit einem Ungewitter aufgezogen kommen, daß man vermeinen sollte, der Jüngste Tag wäre vor der Türe ...«
Rübezahls Garten im Aupakessel neben dem Aupafall, sogar als Lustgarten in den Wanderkarten eingezeichnet, sollte man wegen seiner botanischen Raritäten besuchen. Ob wohl dort heute noch eine weiße Wegwarte zu finden ist? Der Wanderlehrpfad, den man von Aupa aus, südlich der Schneekoppe, durch den Riesengrund erreichen kann und der um die Aupagrube herumführt, läßt den Wanderer einen Blick in Rübezahls Wundergarten werfen. Er gehört zu den schönsten Bergtouren des Riesengebirges. Man braucht es ja nicht dem Wurzelmann gleichzutun, der die Apotheken belieferte. Der stieg nämlich eines Tages durch den Teufelsgrund, wie wohl in alten Zeiten der Aupagrund hieß, bis in des Berggeistes Zaubergarten. Er hatte versprochen, die Weißwurzel zu besorgen. Das viele Geld, das er erhalten sollte, lockte. Rübezahl aber ertappte ihn! Der Wurzelmann jammerte und erzählte von seinen vielen Kindern. Der Berggeist erlaubte, einmal diese Wurzel mitzunehmen, aber sonst sollte er ihm seinen Frieden lassen. Der Wurzelmann versprach es zwar, doch kam er, von Habgier getrieben, wieder her und ging daran zugrunde!
Wer aber die Einladung in das wunderbare Riesengebirge annimmt und Rübezahls Reich beschützen hilft, damit dessen seltene Kräuter noch lange dort blühen, der wird beglückt und beschenkt wieder nach Hause zurückkehren.

BAUDENROMANTIK – BAUDENZAUBER

Nicht nur ohne den bärtigen Rübezahl, nein, auch ohne die vielen braunen Holzbauden ist das Riesengebirge nicht denkbar. Verstreut liegen sie auf den Kammhöhen, trotzen einzeln oder in kleinen Gruppen dem Wetter, ducken sich in die Talgründe oder lehnen sich, manchmal auch als kleine Baudendörfer, eng an die abfallenden Berghänge.
Eine Baude kann ein Berghotel von internationalem Rang, dann wieder ein kleines Gasthaus sein. In weiter zurückliegenden Jahrzehnten waren die Bauden für den Wanderer in den Weiten des Riesengebirges der Inbegriff von Schutz und Geborgenheit bei Schneesturm und Nebel, aber auch von Willkommensein bei bekannten oder unbekannten Baudenfamilien, die Einkehr boten nach einem anstrengenden Weg. Nur im Riesengebirge, höchstens ganz vereinzelt noch in den angrenzenden Gebirgen, findet sich der Name »Baude«. Er dürfte aus dem Mittelhochdeutschen stammen und sich vom Wort »Buode« für Bau oder Gebäude ableiten. Die ersten Besiedlungen gehen ja ins ausgehende Mittelalter zurück.
Der Eindruck, daß Bauden hübsche braune Holzhäuser sind, täuscht allerdings: Das war so in den zurückliegenden Jahrhunderten, als man die ersten Bauden aus Holz errichtete, dem Material, das man in der Nähe vorfand. Sie wurden

immer wieder Opfer großer Brände; deshalb verwendete man in den letzten hundert Jahren ausschließlich Naturstein. Gegen die große Kälte, die über den größten Teil des Jahres anhält, wird der stabile Steinbau mit Holz verkleidet, um durch den Luftzwischenraum eine wirksame Isolierung zu schaffen. Die großen Schneeverwehungen taten ein übriges, so daß es in den Bauden warm und gemütlich war. Innen bestand alles aus Holz: Decken, Wände und Böden. Reich mit Schnitzereien verziert und ausgestattet mit Bauernstühlen und Tischen vom Drechsler, Schränke und Truhen mit dort üblicher Bauernmalerei geschmückt, lädt die Baudenstube zum Verweilen ein und ist das Zentrum des ganzen Hauses. In offenen Hängeregalen an den Wänden reihen sich buntbemalte Teller aneinander mit Sprüchen wie diesen: »Wie wär's, wenn's noch schlimmer wär...« oder: »Wenn's raant, is drinne besser als draußa«.
Beherrschendes Mittelstück einer Baudenstube war ein Kronleuchter. Oft in der Form eines Rades an starken Ketten von der Decke herabhängend, zeigte er handgeschnitzte Paare in Tracht sich im Tanze drehen oder zwischen Tannen und Fichten die Tiere des Waldes. Nicht selten hing man einen Balken an Ketten in der Stubenmitte auf mit Jagdszenen vom Holzschnitzer nebenan, der sich mit dieser Arbeit die langen Winterabende vertrieb, wenn alle Quirle aus dem letzten Windbruchholz geschnitzt und verkauft waren. Im Riesengebirge schnitzte man üblicherweise aus dem Christbaum, bevor er verbrannt wurde, weil er nadelte, Quirle in allen Größen für das kommende Jahr. Die Großväter besaßen in dieser Kunst große Übung, und manche alleinstehende Nachbarin freute sich über solch ein praktisches Geschenk zum Neuen Jahr.
War der Baudenmann ein Jäger, dann schmückte man die Baudenstube mit Kronleuchtern aus Hirschgeweihen; Hirsch- oder Rehdecken lagen auf den Truhen, oft auch auf dem Lieblingsplatz des Hausherrn. Ganz selten allerdings war wie in Petzer an der Wand das Fell eines der letzten Bären zu bewundern. Einen solchen zu erlegen war nicht Sache der einfachen Baudenleute.
Der riesige Kachelofen beherrschte den Baudenraum, ob es eine ganz kleine oder eine große Baude mit internationalem Gastbetrieb war. Der Ofen war das Herzstück. In ihm prasselte und knackte das Holz, in seiner Röhre »schmurgelte« nicht selten ein Topf mit Essen vor sich hin. Aus Schlesiens Stadt des guten Tones, aus Bunzlau, stammte die bauchige Bunzelkanne, lasiert in tiefem Braun oder mit altüberliefertem Schwämmel- und Pfauenaugenmuster. Sie spendete stets warmen Kaffee. Der Duft von Streuselkuchen oder Mohnbabe lockte.
Liebster Treffpunkt im Winter: die Ofenbank. Ebenso einladend zum Sitzen wie ausladend in den Maßen. Neben den Baudenleuten fanden auch Gäste noch genügend Platz zum Wärmen und Plaudern. Darunter räkelten sich Hund und Katze, längst daran gewöhnt, ihren Stammplatz mit ausgestopften Schuhen, die trocknen sollten, zu teilen. In kleineren Bauden ohne Heizung in den Gastzimmern trockneten auch die Gäste ihre Kleidung in der Baudenstube. Da steckten in Ofennähe lange Stangen in Halterungen, die von der Decke

Geweih eines Rothirsches vom Kolbenkamm

herabhingen; auf ihnen hatten viele Skianzüge Platz. Das roch noch immer ein bißchen nach Schnee.

Dazu gesellten sich die Düfte der Bratäpfel im Röhr, jene des Rum- oder Weißweingrogs, in den Bauden »Seehund« genannt, von in Scheiben geschnittenen böhmischen Knödeln, serviert mit knusprigem Schwärtelbraten (Schweinskarree) und Kraut. Solch unverwechselbarer Duft beflügelt bis heute manche Sehnsucht nach einer Riesengebirgsbaude. Nicht zu vergessen das Aroma zerlassener Butter über ofenheißen Mohn- oder Quarkbuchteln, auf die sich die meist aus dem Böhmischen kommenden Köchinnen vortrefflich verstanden. Wer hätte wohl keinen Hunger bekommen beim Anblick der Nudelflecke, die in der Küche über Schnüren zum Trocknen hingen, bis sie fingerbreit geschnitten in goldgelber Hühnerbrühe verschwanden?

Neben »Pilsner« oder »Schweidnitzer«, je nachdem, auf welcher Seite der Grenze die Baude stand, waren »Skiwasser«, bestehend aus Quellwasser mit Waldhimbeersaft und einem Schuß Zitrone, oder eisgekühlter Blaubeersaft beliebte Getränke. Als Kompott und Beilage zu Wild standen selbstgeerntete Preiselbeeren von der Teufelswiese an erster Stelle. Der Duft all dieser guten Sachen hing in den Baudenräumen, er vermischte sich, wenn Schnee lag, mit dem des Skiwachses aus Kerzenwachs und Stearin, das der Hausmeister mit der heißen »Plätte«, wie das Bügeleisen hieß, in der Veranda auf alle Skier auftrug.

Spinnerin in Tracht mit Barthaube

Der Mann verstand sich gewöhnlich aufs Zitherspielen, wenn er die grüne Schürze abband. In einer Ecke der Baudenstube hatte er seinen Platz, spielte Tischmusik, wenn es angebracht war, entlockte aber seinem Instrument auch fröhliche Stücke zum Mitsingen und Tanzen. Ein zünftiger Baudenabend ergab sich oft aus der Situation heraus, man war in Fröhlichkeit verbunden, und mancher Gast trug zum Gelingen bei, wie aus den Einträgen ins Baudenbuch hervorgeht. Reichten die vorhandenen Betten nicht aus, schliefen die Kinder der Gäste oft mit den Baudenkindern zusammen auf frisch gestopften Strohsäcken auf dem oberen Boden. Gegen die Kälte hatte die Baudenfrau ihren Gästen rechtzeitig angewärmte Ziegelsteine und mit heißem Wasser gefüllte »Pilkel« (Tonflaschen mit Henkel) in die Betten gelegt, als gehörten sie mit zur Familie.

Die freundliche Herzlichkeit, mit der die Baudenleute ihre Gäste bei sich aufnahmen und in die Familien einbezogen, hing natürlich auch mit der kaum erschlossenen Landschaft und den großen Entfernungen der Nachbarn zueinander zusammen. Jeder Besucher ist da willkommen, der Abwechslung in den Alltag der Gebirgler bringt. In alten Reisebeschreibungen der verschiedensten Autoren ist zu lesen, der Riesengebirgler sei ein äußerst widerstandsfähiger, besonnener und ernsthafter Mensch, mit einem gleichzeitig heiteren und fröhlichen Gemüte und von großer Gastfreundschaft. Diese ist zur Tradition geworden, obwohl die Baudenfamilien ursprünglich nicht als Wirte in das Gebirge kamen. Sie heißen Krauß, Adolph, Bradler, Buchberger, Zinnecker, Hollmann, Erlebach, Dix, Bönsch und Endler, um nur einige zu nennen. Die meisten dieser Namen weisen auf die Alpenländer hin, auf die Zeit, als die Fürsten Bergleute und die Schwazer Holzknechte ins Land holten, aber auch solche, die sich auf Viehwirtschaft verstanden und Alpwirtschaft betrieben. Selbst von verbannten Österreichern und Schweizern höheren Standes wird berichtet, die sich auf der Südseite des Gebirges ansiedelten wie die Erlebachs, die »von Erlebach« hießen, bis sie verarmten. Jede der Baudenfamilien hat ihre eigene Saga. So soll ein geflüchteter schwedischer Offizier die in Hohenelbe bereits im Dreißigjährigen Krieg ansässige Familie Adolph gegründet haben. Durch die Jahrhunderte versippten sich die verschiedenen Baudenfamilien untereinander zu einer einzigen großen, verteilt über das ganze Gebirge und nun zerstreut in alle Welt durch die Ereignisse nach 1945.

Will man den Hang der Gebirgler zu Frohsinn, Gesang und Tanz aufgreifen, darf der »Scheydowetz«, ein Sondervergnügen der böhmischen Riesengebirgler, nicht fehlen, eines der wenigen Feste, die sich aus einem reicheren Volksleben erhalten haben. Von nah und fern fanden sich die Baudenleute bei einer Baude ein zum gemeinsamen Essen und Trinken, zum Plaudern und Tanzen zu den Klängen einer Ziehharmonika und der Teufelsgeige, oft in alten Trachten. Meistens geschah dies zwischen der Heuernte – wobei der harte Wolf gemeint ist – und dem Beginn des Winters. Im Jahre 1900 wurde die harmlose Vergnügungssaison am ersten Sonntag im September in Adolphs Gasthaus in den Davidsbauden mit einem »Scheydowetz« eröffnet, »der an Humor und Gemütlichkeit« nichts zu wünschen übrig ließ, wie Lessenthin in seinem Buch »Das Riesengebirge im Winter« berichtet.

War man auf der böhmischen Seite fröhlich beim Baudenfest, einem Vorläufer der später so beliebten Baudenabende, so

Preußlerhuxt in Schreiberhau

gab es auf der schlesischen Seite des Gebirges die Spinnstuben und Spinnabende. Um die Jahrhundertwende hatten die Spinnstuben ihre ureigenste Bedeutung bereits verloren; geblieben waren der Humor, die Bräuche, die Schnooken und die Tänze, mit denen sich die Spinnerinnen von ihrer anstrengenden Arbeit erholten, zumal die Männer oder Burschen, die Flachs klopften oder hechelten und den Kienspan versorgten, dabei waren. Spinnstuben, die in Gebirgsbauden, in Schreiberhau, in Hain, in Kiesewald und vielen anderen Orten gegründet wurden, waren eigentlich eine Art von Bauerntheater, in dem Mundart und Brauchtum anfänglich zur eigenen Freude, später für die Touristen dargeboten wurden. Die böhmischen Zuwanderer hatten natürlich in die schlesischen Gebirgsdörfer auch etwas vom Scheydowetz eingebracht, das sich in der Preußlerhuxt in Schreiberhau und der Riesengebirgswoche in Hirschberg erhielt.

Zu den beliebtesten Baudenabenden gehörten jene in der

Hampelbaude oberhalb des Kleinen Teichs. Alfred Wirth hat mit Zitherspiel, Gesang und Vorträgen in schlesischer Mundart für so manche zauberhafte Stunde gesorgt. »Was wär denn unser Riesengebirge ohne seine vielen gemittlichen Bauden?« beginnt er und begleitet seine Worte auf der Konzertzither. »Das wär dasselbe wie Mohklößel ohne Moh oder eine dampfende Schissel schlesisches Himmelreich ohne Backobst und Rosinen ...«

Kerzenlicht auf den Tischen, ein roter Ungarwein im Glas und hinter den Fensterscheiben der seltene Anblick der Schneekoppe, weißleuchtend im Mondlicht, bestimmten die Atmosphäre. Wenn Alfred den »Hopser vom kleenen Teiche« erklingen ließ, war die Träumerei vorbei, es zuckte in den Beinen! Der Baudenmarsch galt als Kommando: »Kerzen auspusten!« Nun ging es paarweise durchs ganze Haus, durch Küche und Kuhstall. Wer zuerst wieder in der Wirtsstube war, konnte das Tanzbein schwingen.

In einer kleinen Baude am Spindlerpaß hat der Zitherfranzel seinen Baudenabend angezettelt. Im Baudenbuch war zu lesen, die Anwesenden hätten gewettet, es sei möglich, in die Baude hereinzukommen, sogar wenn eine Partei alle Fenster und Türen bewache. Die Damen übernahmen die Bewachung und verrammelten zusätzlich alle Eingänge und Fenster. Doch die Herren sind mit den Skiern, es war im Winter, auf das Baudendach im Treppenschritt gestiegen und ohne diese durch den Schornstein »abgefahren« an einem Seil ... Der Schornstein wurde nach unten breiter als Räucherkamin, durch den die schwarzen Kerle mittels einer Eisentür in den Flur vor der »Kuchl« und damit ungesehen in die Baude kamen.

Im längst verlorengegangenen Baudenbuch fand sich vermerkt, daß alle Beteiligten freiwillig bis weit nach Mitternacht die Holzböden geschrubbt hätten, wozu Muttel Erben viel heißes Wasser bereit gehalten habe ... Baudenzauber!

WALLFAHRTEN UND FALSCHMÜNZER

Wer das Titelbild dieses Bandes mit dem verschneiten Schneekoppengipfel und der mit Rauhreif bedeckten Laurentiuskapelle betrachtet, möchte sicher mehr über ihr ungewöhnliches Schicksal erfahren.

Im 17. Jahrhundert wurde die Schneekoppe öfter bestiegen, als man heute ahnt. Bereits im Jahre 1668 begann man mit dem Bau der Laurentius-Kapelle, den Christian Leopold Graf Schaffgotsch veranlaßt hatte. Mehr als dreizehn Jahre beschwerlichster Arbeit betrug die Bauzeit, da das Material, das bis auf den Kamm mit Lasttieren gebracht wurde, von da ab durch Träger hinaufgeschafft werden mußte.

Der Schneekoppe am nächsten stand damals ein kleines Holzhaus, die 1623 erbaute Wiesenbaude. Nachdem sie einem Brand zum Opfer gefallen war, errichteten die Brüder Renner an gleicher Stelle eine feste Baude auf einem Steinsockel.

Die Wiesenbaude gehört zu der Gruppe der ältesten Bauden im Riesengebirge, die zwischen 1580 und 1698 erbaut wurden. Aus dieser Zeit stammen die Teufelsgrund- und Mädelstegbaude, die Hampelbaude als einzige auf der schlesischen Seite, die Planur-, die Bradler-, die Keil-, die Zieneckersowie die Lahr- und Rennerbauden. Wahrscheinlich hängt die Gründung dieser ältesten Baudengruppen mit dem wiedererwachenden Erzbergbau um Hohenelbe zusammen. In der Nähe der Bauden befanden sich Silberfundstätten oder Goldwäschereien. Der Abbau der Silbervorkommen muß lohnend gewesen sein, da 1695 in Hohenelbe eine weitere Silber- und Schmelzhütte eingerichtet wurde.

Allerdings ist sicher, daß diese allerersten Bauden keine Unterkünfte für die Bergleute waren, da sie fast ausnahmslos oben auf den Bergen standen. Dort waren um diese Zeit riesige Waldbestände durch Holzeinschläge für das Grubenholz, das in großer Menge benötigt wurde, gelichtet worden. Damalige Chronisten berichten mit ähnlicher Sorge über

mögliche klimatische Veränderungen, die dadurch entstehen könnten (Simon Hüttel), wie die Menschen von heute, die dem selbst heraufbeschworenen Waldsterben im Riesengebirge hilflos gegenüberstehen.
Hatte die Wiesenbaude zunächst nur der Familie als Unterkunft gedient, so fanden in den langen Jahren des Kapellenbaues auf der Koppe viele der beschäftigten Bauleute hier Unterkunft und sehr bald auch Bewirtung. Von dieser Zeit an galt sie als Gastbaude.
Endlich wird 1681 die Laurentius-Kapelle auf der Koppe eingeweiht. Wallfahrer von nah und fern nahmen den beschwerlichen Weg auf sich, wobei es die, die aus dem Schlesischen kamen, etwas besser hatten. Für sie gab es die Möglichkeit, in der Geistlichen Baude neben der Hampelbaude oberhalb des Kleinen Teiches auszuruhen oder zu nächtigen, bevor sie den beschwerlichen Aufstieg begannen.
Während nun die neue Kapelle eine Koppenbesteigung erst recht erstrebenswert machte, gewann die nahe Wiesenbaude aus anderen Gründen Bedeutung. Die protestantischen Glaubensflüchtlinge fanden während des Dreißigjährigen Krieges dort Unterschlupf. Sie kamen aus dem Böhmischen und zogen weiter ins Schlesische, in der Hoffnung, dort vor Verfolgung sicher zu sein.
In diese Zeit fällt ein seltsames Ereignis. Es wirft ein Licht auf das Schicksal einer Grenzbevölkerung, die zwischen zwei Herren hin und her gezogen wird. Trotz der evangelischen Flüchtlingen bewiesenen Sympathie trat die protestantische Familie Renner aus der Wiesenbaude um 1650 zum katholischen Glauben über. Wie weit dieser Entschluß auf Freiwilligkeit beruhte, läßt sich nur ahnen. Der sich über Jahrhunderte hinziehende Streit um das Jagdgebiet der Siebengründe mit seinem Fisch- und Wildreichtum zwischen den Herrschaften der Grafen Schaffgotsch und dem Grafen Morzin, mit aller Härte von den jeweiligen Bediensteten ausgefochten, mag eine der Ursachen gewesen sein.
Einhundert Jahre später, in der Mitte des 18. Jahrhunderts,

Die Kapelle auf der Schneekoppe

hat sich in der unwirtlichen Kammregion eine neue Generation von Bauden ausgebreitet, deren Besitzer überwiegend Viehwirtschaft betrieben. Dazu gehörten auch die Alte und die Neue Schlesische Baude aus den Jahren 1786/87. Die Weidewirtschaft in den Sommerbauden lehnte sich an das Vorbild aus den Alpenländern an, zumal die meisten der Baudenfamilien aus Österreich und der Schweiz zugewandert waren. Weil einige der Bauden wegen Unzugänglichkeit und Lawinengefahr im Winter nicht bewohnt waren, hießen sie »Sommerbauden«.
Die große Wiesenbaude gehörte nicht zu ihnen. Wanderer und Lastenträger, die Glas, Butter und manchmal auch feines Leinen über die Berge trugen, bekamen dort immer ein Essen und ein bescheidenes Nachtquartier. Dies war ebenfalls möglich in Bauden, die einen Winterwächter besaßen.
Langsam haben sich die Bauden dadurch zu Gasthäusern entwickelt und es bis 1945 allgemein zu einer eindrucksvollen Blüte gebracht. Mehr noch, es bildete sich im Riesengebirge eine ganz eigenständige Art von Gastlichkeit heraus, die heute, in der Erinnerung, beinahe Legende geworden ist. Sie

Wiesenbaude, 1623 erbaut

entstand aus dem Zusammenwirken der dort ansässigen Menschen und der klimatischen und geographischen Gegebenheiten einer Umgebung von großer Einsamkeit und Stille. Seltsamerweise hat sich die Gastlichkeit mancherorts wieder zurückentwickelt, denn die meisten der kleineren Bauden sind heute Erholungsheime. Damit hat es der Wanderer schwer, ein gutes Essen und eine Unterkunft zu finden, wenn er eine nicht vorgeplante Rast einlegen will.
Doch nun führt der Weg noch einmal zurück, hinauf zur Koppenkapelle. Nach wie vor ist sie ein starker Anziehungspunkt, nicht nur für Wallfahrer. Sie hatte in der Mitte des letzten Jahrhunderts ein ungewöhnliches Schicksal: Der Laurentius-Kapelle wurde nach Aufhebung der Klöster 1812 die gottesdienstliche Bestimmung entzogen. Seitdem diente sie als Hospiz. Carl Siebenhaar führte es auf die einfachste Weise. Er stellte zum Heizen einen Blechofen in den Raum und leitete das Ofenrohr einfach durch das Fenster nach draußen. Das Innenrund der Kapelle mit ihren sieben Metern Durchmesser bot für die Gäste einen bescheidenen Gast- und Schlafraum, den eine Bretterwand von der Vorratskammer des Wirtes trennte. Das Nachtlager mit Strohsack und Decke bot zwölf Personen Unterkunft, die auf diese Weise den berühmten Sonnenaufgang auf der Koppe erleben konnten. Damals gedieh schon munter der Andenkenhandel. Der aus Bad Warmbrunn stammende Siebenhaar bot in einem Glasschränkchen in seinem Hospiz geschliffene und bemalte Gläser und allerlei Holzgeschnitztes mit dem Koppenbild an. Trotzdem war dem Hospiz nur eine kurze Lebensdauer beschieden. Denn als der Gastwirt Sommer aus Bad Warmbrunn 1850 das erste Koppenhaus errichtete, bot dieses die besseren Unterkunftsmöglichkeiten an. Ob deshalb 1855 Brandstiftung die neue Baude abbrennen ließ, ist nicht geklärt. 1862 entstand an der gleichen Stelle die Preußische Baude, wenig später errichtete Gastwirt Blaschke aus den Grenzbauden die Koppenbaude auf der böhmischen Seite. Das Hospiz wurde nicht mehr benötigt, die Laurentius-Kapelle wurde wieder das, was sie einst war. Mit einem Kostenaufwand von 85 Talern hat man sie instandgesetzt, und der Fürstbischof aus Breslau kam 1850 persönlich, um das kleine Gotteshaus ein zweites Mal einzuweihen.
Zur gleichen Zeit machte die Wiesenbaude wiederholt von sich reden. Beim Wiesenbaudenwirt Jacob Renner hatten sich als zahlende Gäste fünf Falschmünzer eingemietet. Renner selbst gab den Polizisten einen Wink, als ihm Verschiedenes bei seinen Gästen sonderbar vorkam. Tatsächlich wurden in einem Versteck fünf gebrauchte Münzstanzen und ein Vorrat an Silbermünzen gefunden. Der Wiesenbaudenwirt versuchte sich auch als Erfinder. Es gelang ihm eines Tages, die Kraft des wild dahinschießenden Wassers der Weißen Elbe in der Nähe des Hauses zu nutzen, indem er ein »Buttergewerke« damit antrieb, das bis dahin von Hand betrieben werden mußte. Ja, sogar die alte gotische Wiege, die an Seilen von der Decke der Baude herabhing, wurde mit Wasserkraft bewegt, um die Kinder in den Schlaf zu wiegen.
In das Fremdenbuch der Wiesenbaude haben sich viele berühmte Besucher eingetragen. Der aus Breslau stammende

Dichter und Theatermann Karl von Holtei, der einen der ersten deutschen Kriminalromane (»Mord in Riga«) geschrieben hat, verarbeitete seine Wiesenbaudenerlebnisse sogar in einer Oper (»Des Adlers Horst«). Holtei, einer der bekanntesten schlesischen Mundartdichter, war von der Wiesenbaude sehr beeindruckt, »wo der Wirt gemeinsam mit seinen Arbeitern aß, wo zum Klang der Schalmeien lustiger Tanz stattfand am Abend und der Verkehr der Pascher rege war ....« Über diese Schmuggler schreibt er, daß sie trotz des Schleichhandels, der sie zu Schelmen machte, auf diesen Höhen alle Zollgesetze überragten! Auf die Wiesenbaude bezogen aber läßt sich sagen, daß sie bis heute, nach Bränden und Verwüstungen, sich in einsamer Höhe immer wieder neu behauptet hat.

VOM SCHNEEREIFEN ZUM SKISEGEL

Vermutlich haben sich schon die ersten Bewohner und Jäger mit Schneereifen nach nordischem Vorbild fortbewegt. Doch ein erstes Mal werden diese im Jahre 1670 in einer Niederschrift des Christian Gryphius erwähnt, der die Schneekoppe erstiegen hatte. Auf dem Rückweg kehrte er beim Teichwärter ein, der schon Schneereifen benützte. Gryphius berichtet: »um im Winter über den Schnee zu kommen, hatten sie Reifen in Netze gefasset, so an die Schuh gebunden wurden...«
Johann Climmbeck, der 1736 die Schneekoppe bestieg, berichtet, daß sich auch die Leute im Aupagrund im Winter Reifen, welche mit Bindfaden versehen sind, unter die Schuhe binden. Die Schneereifen waren über einen langen Zeitraum die einzige Möglichkeit, zu Fuß durch diese Schneewüsten des Gebirges zu kommen. Der 1845 in St. Peter geborene Franz Erlebach erlangte Berühmtheit durch seine Schneereifen, die er zum Preise von 2 Kronen und 40 Hellern, das waren ungefähr 2 Mark, herstellte. Sie waren in allen Bauden käuflich oder leihweise zu haben. Ihm gehörte die Alte Erlebachbaude am Spindlerpaß. Er war überdies einer der bewährtesten Winterführer des Gebirges, zusammen mit Johann Kirchschlager von der Schneekoppe, mit Johann Mitlöhner von der Riesenbaude, den Brüdern Erben von der Schlingel- und Prinz-Heinrich-Baude und Vincenz Kohl von der Rennerbaude. Sie, die ihr Gebirge kannten und sich nicht selten aus Lawinenstürzen und Hochwasserfluten retten konnten, waren die eigentlichen Pioniere, die um die Jahrhundertwende eine Erschließung für den Tourismus ermöglichten.
Den Hörnerschlitten und die Kraxe (hier Raaftel genannt) brachten die Schwazer Holzknechte aus den Alpenländern mit. Die Schneereifen jedoch und die Schneeschuhe, die kamen aus Norwegen ins Riesengebirge. Im Jahre 1880 besorgte der Hirschberger Arzt Dr. Krause drei Paar echte Norweger Schneeschuhe, von denen eines nach Agnetendorf in Beyers Hotel kam, ein anderes in die Peterbaude; das dritte blieb in Hirschberg. Bald hat man sie nachgebaut und verbessert, Bücher über das Erlernen des Schneeschuhfahrens wurden geschrieben, in den Schulen wurde es Lehrfach, wie alte Fotos beweisen. Jung und alt, Mann und Frau bewegten sich in ganz kurzer Zeit auf den schmalen Holzbrettern über den Schnee; die Frauen zuerst in langen weiten Röcken, die aber bald von Kniebundhosen verdrängt wurden. Angeregt von Graf Harrach, wurde 1894 der erste böhmische Riesengebirgsskiverein gegründet, der bald internationale Wettkämpfe veranstaltete. Auf der Nordseite folgte im Jahre 1900 in Schreiberhau der »Schneeschuhverein Windsbraut«. Natürlich waren Hörnerschlittenausfahrten noch beliebt, doch wo sich jahrzehntelang Rodelschlitten und der »Rennwolf«, ein ganz schneller Schlitten, getummelt hatten, beherrschten jetzt die Skifahrer das Bild.
Ein Sprung in die zwanziger Jahre: Wieder haben sich einige Skisportler zusammengefunden, die sich als Pioniere ausweisen. Sie sind ihrer Zeit weit voraus: Im Schatten der Schnee-

koppe erfanden sie das Skisegeln und trugen auch in dieser neuen Disziplin bald die ersten Wettkämpfe aus! Hier spielt die Wiesenbaude wieder eine Rolle. Sie gehört inzwischen der Familie Bönsch.
Wenn in den Tälern schon alles grünte, schulterte in den zwanziger Jahren die damalige Ski-Elite aus dem Raum Hohenelbe-Spindlermühle ihre Skier zum »Brunnberg-Maiskirennen«. Im Aupa-Kessel lag noch ausreichend Schnee für diesen harten alpinen Lauf. Start war beim Steinmannel auf dem Brunnberg in 1560 m Höhe. Das Ziel lag 900 m tiefer im Aupa-Kessel. Als Preis lockte der begehrte Brunnberg-Becher, der auf Guido Rotter aus Hohenelbe und Gerhard Zienecker von der Peterbaude zurückgeht. 1927 war es noch ein reiner Abfahrtslauf, bald kam jedoch ein Torlauf hinzu, der bei der Rennerbaude ausgetragen wurde. Es war nichts Ungewöhnliches, wenn dabei die legendäre Weltmeisterin Christel Cranz aus dem Schwäbischen »alle stehen ließ«. Sie war unser großes Vorbild, und Namen wie Adolf Troemer, Willy Möhwald, Gustl Berauer und die Brüder Cranz werden vielen noch in Erinnerung sein.

Skisegeln am Brunn- und Hochwiesenberg

Die Winterolympiade 1936 sah viele Teilnehmer der Mai-Skirennen am Brunnberg am Start. Unvergessenes Ereignis aus diesem Olympiajahr ist das nachfolgende Skispringen auf der Elbgrundschanze bei Spindlermühle mit Spitzenspringern aus Norwegen wie Reider Andersen und den einheimischen Riesengebirglern Palme, Lahr, Kraus, Glaser, Civerna und Berauer. Sie sprangen damals schon Weiten von 70–85 m. Ein Jahr später wurde der Hirschberger Günter Meergans in Altena Deutscher Skimeister, 1938 noch einmal. Nicht zu vergessen Kurt Endler von der Reifträgerbaude, der deutscher und österreichischer Skimeister gewesen ist. Über das Skisegeln im Riesengebirge hat Herbert Beutel, ein Angehöriger der Bönsch-Familie, berichtet. Abgesehen davon, daß die windgepeitschten Hochflächen um die Wiesenbaude herum solche Versuche geradezu herausforderten, mag auch der mit Eifer betriebene Segelflugsport in Grunau bei Hirschberg Pate gestanden haben. Denn Emil Bönsch aus der Wiesenbaude war selbst ein begeisterter Segelflieger und hatte viel Verständnis für seinen Neffen Herbert Beutel und dessen Idee vom Ski-Segeln. So kam es, daß 1929 der bekannte Segelflieger Wolf Hirt und die Weltrekordlerin im Fallschirmspringen Lola Schröder bei der Wiesenbaude landeten und Herbert Beutel behilflich waren, aus Leichtmetallstangen und Leinen das erste handliche Ski-Segel zu bauen. Es hieß »Wiesenbaude I« und hatte eine Größe von 3,5 m × 4 m.
Wie zu erwarten, dauerte es nicht lange, bis eine kleine Segelregatta zusammenkam, die im Windschatten der Wiesenbaude an den Start ging. Gut im Wind wurden die Ski-Segler den Brunnberg hochgetrieben bis zur Ablaßkante. An dieser gefährlichen Stelle mußten sie mit viel Geschick wenden, um bei voller Geschwindigkeit und Winddruck das Gipfelwahrzeichen des Brunnberges, die »Amalienruh«, umsegeln zu können.
Zu diesen Ski-Seglern gehörten die Skilehrer der Wiesenbaude, Otto und Gustl Berauer und Herbert Beutel. Alle

bezahlten ihren Wagemut mit schweren Stürzen und Prellungen, doch segelten sie trotzdem auf ihren Skiern unbekümmert weiter über die Hochflächen. Sie brauchten für die Strecke von der Wiesenbaude bis zur Prinz-Heinrich-Baude (gut 3 km) drei Minuten! Geschwindigkeiten von 90 km/h wurden gestoppt, und Gustl Berauer hängte sogar noch an sein Ski-Segel sechs bis sieben Skiläufer an, die dann wie Kobolde über das weite Gelände hinschossen. Ein herrlicher Wintersport im Angesicht der Schneekoppe.

Der Krieg und seine Folgen haben dieser optimistischen Pionierzeit im Wiesenbaudengelände ein Ende gesetzt. Familie Bönsch verschlug es an den Fuß der Zugspitzbahn, Herbert Beutel, der Welt erster Ski-Segler, kam schwerverwundet aus dem Krieg zurück und suchte nach neuen Anfängen. Als erfahrener Baudenmann war er bald Hausherr des ersten deutschen Motels bei Tübingen.

Die Wiesenbaude heute? Sie erstrahlt in altem oder neuem Glanz, ist Mittelpunkt des alpinen Skisports und ein beliebter Treffpunkt für ehrgeizige junge Sportler, die hier oben ihrem Training nachgehen. Von dort gehen wieder junge Skimeister hinaus in die Welt und messen sich mit der internationalen Elite. Die rasende Abfahrt in den Aupa-Kessel läßt nur Skifahrer der Meisterklasse gelten.

Bevor wir uns von der Wiesenbaude, von den Mai-Skirennen und dem unvergeßlichen Riesengebirgswinter verabschieden, wollen wir noch einmal einen Blick zur nahen Schneekoppe werfen.

Zwischen dem modernen Hotelbau und der kleinen Laurentiuskapelle erhebt sich turmähnlich das meteorologische Observatorium. Es wurde am 5. Juli 1900 eingeweiht und galt mit der Wetterwarte auf dem Brocken als Gipfelstation erster Ordnung. Allerdings wurden zu dieser Zeit bereits seit 76 Jahren Wetterbeobachtungen auf der Schneekoppe gemacht, die Vorgängerin der heutigen Wetterwarte ist 1834 an einem Augusttag von einem Blitzschlag zerschmettert worden. Der Koppenwächter und Winterführer Johann Kirchschlager

Hohe Schule des Skisports

wurde auch mit der Arbeit in der meteorologischen Station betraut und erhielt für seine Verdienste von der preußischen Staatsregierung eine Auszeichnung.

Die aus Holz erbaute Wetterwarte behauptet sich auch heute noch auf der Schneekoppe neben dem modernen Hotelbau und der jahrhundertealten Laurentiuskapelle. Sie hat sich unbeschädigt durch alle Stürme hindurch erhalten, was nicht zuletzt an den starken Verankerungen durch Drahtseile nach Norden und Süden liegen mag. Nicht selten rasen Sturmböen mit 25 m in der Sekunde über die Koppe hin, aber die alten Drahtseile haben sich bewährt. Doch ist ihre hundertjährige Dienstzeit nun abgelaufen, der Holzbau der Wetterwarte wird pensioniert und soll im Tal einen Ehrenplatz zur Erinnerung erhalten. Die Gipfelsilhouette der Schneekoppe verändert sich zwar, sie selbst jedoch bleibt immer die alte.

HOLZ BESTIMMT DAS LEBEN

Zu den Schätzen oberhalb der Erde gehören die Wälder mit ihrem Holzreichtum, der vom ersten Augenblick an das Leben der Menschen dort bestimmt hat. Er verleitete sie auch

dazu, Raubbau zu treiben und dem Gebirge damit tiefe Wunden zuzufügen. Schon 1549 klagt Simon Hüttel, der Chronist von Trautenau, über das grausame fremde Volk – die 300 Holzknechte aus Schwaz in Tirol –, das infolge des großen Holzvertriebes nach Kuttenberg unter Christoph von Gendorf eine Holzverteuerung heraufbeschwört, desgleichen eine Verminderung des Fischreichtumes.
Simon Hüttels Befürchtungen sind noch immer aktuell. Allerdings fanden zu jener Zeit, als man es verstand, Holz und Wasserkraft des Riesengebirges wirtschaftlich zu nutzen, die Menschen damit ihr Auskommen. Die Tiroler Holzleute konnten mit den wilden Wassern umgehen, sie legten in Talengen Klausen (Wasserstauvorrichtungen) an, so an der Großen und der Kleinen Aupa, im Löwengrund, im Urlasgrund, im Klausengrund bei Johannisbad, im Kläuselgraben oberhalb von Hohenelbe und im Langen Grund, am Ortsausgang von St. Peter. Hier sammelten sich die Holzstämme, die von den Bergen auf den reißenden Bergbächen »herab geriest« worden waren. Wurde die Klause geschlagen, das heißt geöffnet, dann riß das losbrechende Wasser mit ungeheurer Kraft alle dort gelagerten Baumstämme mit sich fort, dem Zielort zu. Waren nicht ausreichend Bachläufe zum Holzriesen vorhanden, wurden Trockenriesen gebaut: einfach gezimmerte Holzrinnen, in denen die Baumstämme talwärts schossen bis zur Klause.
Wenn sich die gefällten Bäume mit Glatteis überzogen, rutschten sie von selbst talwärts. Sie wurden Eisriesen genannt. Noch im 18. Jahrhundert rieste man dort das letzte Holz zu den Schwemmbächen. Die letzte Holzriese der Domäne Starkenbach ist 1799 aufgelassen worden. Damit ging eine große Pionierzeit zu Ende. Die letzte Holzlände wurde 1809 in Oberhohenelbe gebaut. Sie konnte 5000 Klafter Schnittholz fassen, das bei Schneeschmelze in die Elbe geschwemmt wurde.
Nachdem der Bergbau seine wirtschaftliche Machtstellung verloren hatte, beherrschte die Papierherstellung aus Holz den Markt. 1667 übergab Paul Morzin, Erbherr auf Hohenelbe, dem Christoph Weiß »einen Ort nächst der Brucken unter der Stadt Hohenelben zum schleunigen Aufbau einer rechtschaffen papier Mühlen...«
Der erste Papiermacher von Hohenelbe hieß Matthias Kiesling. Er starb 1687. Sein Nachkomme Anton hatte es im Jahre 1838 in der Herstellung von feinstem Velin- und Zeichenpapier so weit gebracht, daß erstmals die Einfuhrzölle für Papier in Österreich erhöht wurden, als er mit seinen Brüdern die Landesbefugnis erhielt, die bislang noch keine Papierfabrik in Böhmen besessen hatte. Aus China kommend, war die Papiermacherkunst durch italienische Lehrmeister im 14. Jahrhundert nach Böhmen gelangt. In Trautenau ist schon 1505 eine Papiermühle erwähnt, und 1864 wird berichtet, daß man in Trautenau Büttenpapier herstellte.
Berühmt war die Papierfabrik in Marschendorf, die ein Luxemburger aus der alten Papiermacherfamilie Piette de Rivage gegründet hatte. Aus Marschendorf gingen die allerfeinsten Zigaretten-, Seiden-, Blumen- und Krepp-Papiere hinaus in die Welt, dazu kamen bestes Schreibpapier und Löschpapier. Andere Papierfabriken an der Aupa erzeugten Packpapiere, Flachs- und Hadernstoffpapiere, Papiersäcke und Kartonagen. Unmengen von Festmetern Holz verbrauchten sie dazu. Das benötigte Holz wurde kaum noch geriest, sondern mit Pferden »gerückt«, die die Stämme zum Sammelplatz schleiften, geführt von unerschrockenen Pferdehaltern, die es verstanden, das Schleifholz so anzuketten, daß es den Tieren nicht in die Beine rutschte. Wo es mit den Pferden nicht möglich war, rückten die Bergler das Holz mit den Hörnerschlitten ab. Schwere Unfälle waren nicht selten. Lawinenabgänge forderten ihre Opfer.
Andere waren als Holzfäller beschäftigt, auch die vielen neuen Brettsägen erforderten Arbeitskräfte. In der Mitte des letzten Jahrhunderts entstanden Dampfsägewerke, sogar die mechanische Dachschindelerzeugung wurde eingeführt. Die Schindeln waren so begehrt, daß jährlich im Trautenauer

Bezirk 2–3 Millionen Stück abgesetzt werden konnten. Während Handdrechsler noch ihre ganz speziellen Arbeiten verrichten, werden mechanische Drechslereien in Bausnitz und Freiheit als Zulieferfirmen für die Webereien und Spinnereien eingerichtet. Man braucht Spulen, Walzen und Rollen. In Groß Aupa stellt eine Firma Holzjalousien her, 1868 nimmt die erste Holzschleiferei den Betrieb auf. Durch das Schleifen des Holzes mit Wasser und Schleifstein wird Holzschliff, ein Faserstoff, gewonnen, der bald als wichtiger Rohstoff gilt.

Die Holzfäller fraßen mit ihren Äxten Schneise um Schneise in den Hochwald. Abgeholzte Flächen verursachten der Waldwirtschaft fühlbare Ausfälle, wenn sie lange als Hutweiden liegen blieben. Deshalb wurden sie in diesem Jahrhundert immer wieder schnell aufgeforstet. Man war zu der Einsicht gelangt, daß die Wälder großen Einfluß auf das Klima ausüben.

Holz konnte auch ein wertvolles Zahlungsmittel sein. Die Gräfin Morzin kaufte vom Kloster Hohenelbe für 2740 Quadratklafter Holz Grund und Boden für den Bau eines Siechenhauses. Das Holz hatte einen Wert von 1370 Gulden, 17 alten Menschen konnte geholfen werden.

Wenn die großen Kahlschläge aufgeforstet wurden, zogen sich die Frauen derbe Schuhe und Arbeitskleidung an und gingen »auf Kultur«. Mit kleinen Baumsetzlingen, die die Forstleute brachten, legten sie mühevoll eine Fichtenkultur an. Das war nicht einfach, denn zuvor mußte mit der Rodehacke ein tiefes Loch ausgehoben werden, in genauem Abstand vom nächsten. Schließlich sollten später die Bäume in Reih und Glied stehen. Stieß man auf Baumwurzeln, die im Erdreich verborgen waren, gab es schwere Kämpfe. Daher hoben oft die Männer der Forstverwaltung die Pflanzlöcher für die jungen Bäume aus, denn das Einpflanzen war Akkordarbeit.

Nicht selten sahen die »Kulturfrauen« sich beim Beerenholen »ihre« Bäume an, stolz, daß sie mit ihrer Arbeit am Wachsen eines jungen Waldes beteiligt waren. Sehr viel Waldarbeit für die Männer fiel mit dem Windbruch an. Wenn Stürme in Orkanstärke über das Gebirge brausten, fraßen sie kilometerbreite Windbruchschneisen in die kammnächsten Wälder. Nur noch ein kleiner Teil konnte als Nutzholz verwendet werden, was große materielle Verluste zur Folge hatte. Deshalb war Holzlesen eine wichtige Arbeit für Frauen und Kinder, die faulendes Abfallholz entfernten und dadurch die Wälder gesund erhielten.

Weitere Erwerbszweige, die vom Holz abhängig sind, fanden sich in den Bergdörfern: Tischler, Drechsler, Wagnereien und Mühlenbauer, Zimmereibetriebe, Lohgerbereien, denen Fichtenrinde geliefert wird. Das Waldgras in den Holzschlägen wurde zum Weiden genutzt, und vor Weihnachten begann ein lebhafter Handel mit Christbäumen bis in die großen Städte. Die Samengewinnung von den Nadelbäumen war wirtschaftlich belanglos, da gute Samenjahre manchmal erst nach 10 Jahren wiederkehren. Auch die Harzgewinnung hat ihre Bedeutung verloren. Sie ist ohnehin forstschädigend.

In unserem Jahrhundert gewinnt das Holz noch zusätzliche Bedeutung durch die Herstellung von Rodelschlitten und

Holzfäller bei der Rast

Skiern für heimischen Bedarf und Tourismus. Auch Ski-Kliniken für anfallende Reparaturen werden notwendig. Die Andenkenindustrie kommt ohne das Holz nicht aus, und in vielen Stuben des Gebirges regen sich am Abend noch fleißige Hände für diesen Zusatzverdienst.

Unbekannt gebliebene Schnitzer bearbeiteten in sich gekehrt und mit kundiger Hand das heimatliche Holz. Weihnachtskrippen entstanden. Auf der böhmischen Seite unterschieden sie sich von den schlesischen durch ihre Farbenfreude. In Schlesien war die Krippe ein Familienstück bei beiden Konfessionen und der Bedarf an Krippelzeug so groß, daß durchs Aupatal oder über die Pässe böhmisches Krippelzeug gepascht wurde. Zu den berühmtesten Krippen gehörte die von Schmiedeberg: eine als Rundkrippe erbaute Bergmannskrippe, die in einer Felsgrotte Christi Geburt darstellte, mit Hirten und Engelsverkündigung, wie andere Krippen auch. Doch in einem Stockwerk darüber befindet sich das ganze Schmiedeberger Bergwerk mit hauenden Bergleuten, Stolleneingängen und Schächten, dazu noch die Stadt mit Jahrmarkttreiben, Händlern, Bauern und Bäuerinnen, Soldaten, Priestern und böhmischen Musikanten.

Korbmacherkrippe aus Schmiedeberg

Die geschnitzten Figuren dieser Schmiedeberger Krippe gehen vermutlich auf Steinseiffen zurück. »Steinseiffener Schnitzart« war der gebräuchliche Name für eine Kuriosität des Riesengebirges, wo im vorigen Jahrhundert landfahrende Schnitzer und auch Spielzeugmacher aus den verschiedenen Riesengebirgsdörfern weit ins schlesische Land hineinfuhren und ihre Kunst anboten. Eine Bergmannskrippe, wie die des Korbmachers Robert Wünsch aus Schmiedeberg, bestand sehr oft aus Korbgeflecht in drei Etagen übereinander. Sie hatte einen ähnlichen Aufbau wie die schlesischen Weihnachtszepter aus Holz und wurde wie diese zum Transeamus mit in die Kirche getragen.

In Hohenelbe, Arnau und Trautenau standen die Weihnachtskrippen unter einem Glassturz und hießen »Krepplaberge«. Glasmaler bemalten nicht selten auch die Krippenfiguren. In böhmischen Glashütten fanden sich sogar Bruchstücke gepreßter und geblasener Krippenfiguren, die auf schlesischer Seite nie nachgewiesen werden konnten.

Die Gebirgswälder lieferten bescheidenen Heimindustrien das Material für Spielwaren und Gebrauchsgegenstände. »Spielbirnen- und Vogelmacher« waren die Holzdrechsler von Kaiserswaldau und Steinseiffen, es gab Gotschdorfer Figurenschnitzer und Waldsachenfabrikanten in Hermsdorf und Kaiserswaldau. Spanschachtel- und Brautschachtelmacher waren, außer in Kiesewald, in Arnsdorf, Wartenberg und Petersdorf anzutreffen, wo sie auch die kleinen Spanschachteln für die Gnadenfreier Pfefferminzküchel anfertigten. Ein aus Steinseiffen stammender Schnitzer, ein gewisser Sigismund Kahl, fand bereits in der Reiseliteratur von 1791 Erwähnung mit holzgeschnitzten Tieren und Insekten sowie einem großen Relief des Riesengebirges. Damit war der Steinseiffener seiner Zeit weit voraus. Sicherlich hätte er unter die großen Künstler der berühmten Warmbrunner Holz-

schnitzschule gepaßt, die in unserem Jahrhundert dem Heilbad einen guten Ruf verschafften und weit bis in die heutige Zeit hineinwirken.
Auch im Riesengebirge hat es eine Zeit gegeben, in der Menschen sich als Vogelsteller betätigten. Ob sie dies als Handwerk oder aus Wissensdurst betrieben haben, ist nicht überliefert. Es heißt jedoch, sie hätten gute naturwissenschaftliche Kenntnisse besessen. Vielleicht stellten sie den Vögeln sogar im Auftrage der Schaffgotsche nach. Denn im Jahre 1889 wurde eine sonst nur in Asien beheimatete sibirische Ammer gefangen, die sich heute noch präpariert im Nachlaß der Schaffgotsche in den Sammlungen des Zoologischen Instituts in Breslau befindet.
Die Vogelfänger gingen unterschiedlich vor: Sie benutzten Holzkäfige mit Lockvögeln, dazu Leimruten, die mit Leinöl und Mistelsaft vorbereitet waren. Tauben machte man mit Körnern betrunken, die mit Weinhefe vermischt waren. 1872 verbot endlich ein österreichisches Landesgesetz die Vogelstellerei. Noch heute dauern uns die vielen Zeisige, Stieglitze, Finken, Gimpel, Wacholder- und andere Drosseln.
Angefangen hatte diese Unsitte auf dem Schloß von Friedland, wo Vögel als Abwechslung für die Schloßküche verlangt wurden. Im Jahre 1617 sollen dort im ganzen 157 Vogelfänger ihre gefiederte Jagdbeute abgeliefert haben. Obwohl die heutigen Naturschutzgesetze Vogelfängern das Handwerk legen, soll es auf der böhmischen Seite doch noch einige geben, die es nicht lassen können, auch wenn sie die Vögel nicht töten.
Von den Bäumen und dem Knieholz in den Kammlagen war schon mehrfach die Rede. Welche Bäume aber wachsen weiter unten, wo der Bergrücken in sanfte Täler ausschwingt? Der Süden des Bezirkes Trautenau besteht hauptsächlich aus Ackerland, der Norden, dem Gebirge zu, aus Waldgebiet. Es ist überwiegend Mischwald mit Fichten, Tannen, Kiefern, Lärchen, Buchen, Eichen, Birken, Ahorn, Ulmen, Eschen, Weiden, Pappeln, Erlen, Linden und verschiedenen Sträuchern. In höheren Lagen sind fast nur noch Fichten anzutreffen, teilweise verkümmert und mit Baumbart besetzt.
Weiter oben kommen keine Ahorne mehr vor. In alten Zeiten brachten die Köhler oder Aschenbrenner diese Bäume zum Verschwinden, da sie sich wegen ihres großen Aschengehalts am besten zum Aschenbrennen eigneten. Eigentlich war den Holzschlägern zur Aschengewinnung nur das Zunderbrennen aus Windbruch- und Abfallhölzern bewilligt worden; doch wegen der mangelhaften Aufsicht vergriffen sie sich auch an wertvolleren Hölzern.
Wenn die Gebirgswälder mit großer Anstrengung von dem vielen Windbruchholz gesäubert wurden, so hatte das seinen Grund: Der Fichtenborkenkäfer und der Tannenborkenkäfer befallen totes Holz und verbreiten sich weiter ins gesunde. Deshalb wurde sehr oft im Frühjahr vor dem Ausfliegen des schädlichen Insektes das als Brennholz angefallene Windbruchholz »geschwemmt«. Dabei löste sich die Rinde zumeist, wobei die schädliche Brut umkam.
Vor über hundert Jahren hatte sich auch der Maikäfer im Riesengebirge wieder einmal unbeliebt gemacht, als er in Baumschulen und Kulturen des Reviers Starkenbach großen Schaden anrichtete. Die Engerlinge fraßen nicht nur die Wurzeln der Holzpflanzen, sondern zerstörten auch die Grasnarbe.
Dies waren nicht die einzigen Schädlinge, die das Riesengebirge heimsuchten: Im Jahre 1693, am 21. August, flogen Millionen von Heuschrecken über das südliche Gebirge, so daß man den Himmel nicht mehr sehen konnte! Wo sie sich niederließen, haben sie von Grund auf alles weggefressen: Getreide, Gras und Laub von den Bäumen. Am 19. Mai 1806 erschreckten noch einmal Heuschreckenschwärme die Leute, aber glücklicherweise flogen sie über den Heidelberg bei Hohenelbe davon.
Zum Schluß sei noch eine Neuigkeit von 1719 aus der Gegend von Trautenau erwähnt, wo sich »im Junio eine solche Menge – Hupflinge – in Gestalt einer kleinen Mucke eingefunden,

Holzhaus aus Groß Aupa

die ein bis zwei Strich gesäetes grünes Feld völlig abgefressen haben...«

Leider sind es heute keine »Hupflinge«, die unsere schönen Riesengebirgswälder unterhalb der Kammregion sterben lassen, so daß es nachfolgenden Generationen schwer fallen wird, sich den einstigen Holzreichtum vorzustellen.

KLEINES HAUS AM HANG

Ein Haus wie das dargestellte in Groß Aupa ist im Riesengebirge überall anzutreffen. Es wächst wie eine Pflanze in voller Harmonie mit der umgebenden Landschaft aus dieser heraus, gefügt aus den natürlichen Materialien Holz, Stein und Moos.

Nicht selten überfällt den Wanderer, der aus Geröll- und Moorlandschaft kommt, vor einer solchen Baudensiedlung das Gefühl, hier eine Kulturgrenze überschritten zu haben. Waldreste, oberhalb der Baumgrenze wild wuchernd, sind hier stattlicher und gehegt, die Wiesen sind sorgsam von Steinen und Strauchwerk gesäubert, und die wertvolle Humusschicht ist durch Steinmäuerchen geschützt, damit Unwetter sie nicht fortspülen. Die Bergbauern versuchen den Kräften der Natur ihre selbstgeschaffene Kulturwelt entgegenzusetzen, indem sie die Möglichkeiten von Klima und Umwelt für sich nützen.

Dort, wo die Häuser nicht auf Felsgrund erbaut werden können, sind ihre Grundmauern aus roh behauenen Felsquadern oder Steinen zusammengefügt, die nicht selten von den Grasflächen ums Haus stammen. Den Standort eines Hauses bestimmt ein »Quellbärndel«, eine kleine Quelle in einer Holzrinne oder einem Rohr, die in einen steinernen Trog der Brunnenstube sprudelt. Oft ist sie als Felsgewölbe in den Berg hineingeschlagen oder -gebaut worden. Das Baumaterial für solch ein Gebirgshaus sind mächtige Fichten aus dem Hochwald oder jenem Waldstück, das für den Bau gerodet wurde. Zimmerleute befreien die langen Stämme von den Ästen und behauen sie mit der Axt. Sie behalten nach außen ihre natürlichen Rundungen und werden im Blockverbund waagerecht übereinandergeschichtet.

Im Riesengebirge fallen die Häuser durch ihre weiß verfugten Hohlräume zwischen den abgerundeten Balken auf. Das hat weniger ästhetische als vielmehr praktische Gründe. Die tiefen Fugen zwischen den nach außen runden Balken werden reichlich mit Moos und Holzspänen ausgestopft und mit Kalkmörtel haltbar gemacht. Das hält warm und dicht. Man hat daher kaum jemals von einem Gebirgshaus gehört, durch das der Wind gepfiffen hätte. Um der großen Winterkälte wirksam zu begegnen, haben die Häuser nur kleine Fenster ringsum.

Für die Bewohner eines solchen Hauses gibt es im Jahreslauf zwei wichtige Tage. Einer davon liegt im Spätherbst, bevor es zu schneien beginnt. Den Fenstern werden die Doppelfenster vorgesetzt, fest eingehakt in den Rahmen. Zum Lüften hat das Doppelfenster eine Scheibe, die sich öffnen läßt. Mit reichlich Moos wird der Raum zwischen Fenster und Doppelfenster ausgestopft. Einen ganzen Winter lang blühen darin bunte Papierrosen.

Am zweiten so wichtigen Tag des Jahres scheint die Früh-

jahrssonne warm herein, die Doppelfenster können ausgehakt, gereinigt und bis zum nächsten Herbst verwahrt werden, die Papierrosen haben ausgeblüht. Denn draußen ist Bergfrühling, bevor der kurze Sommer beginnt. Ein Tag, den alle herbeisehnen.
Die Dächer reichen auf der Rückseite bis an den Berg; darunter gibt es Abstellflächen für Geräte. Aus dem Dachgeschoß führt eine Holzbrücke hinaus an den Hang, über die Heu und Holz eingebracht werden können. Damit die Schneemassen die Sparrendächer mit ihren Holzschindeln nicht erdrücken können, ist die Dachneigung ziemlich steil gehalten, auch wenn die Bergseite aufliegt. Die vordere Dachseite hängt meistens weit über, um Wände und Eingang zu schützen. Nicht selten ruht das Dach auf Stützbalken an der Vorderseite, wo vor den Steinmauern noch Holzanbauten stehen, aus denen sich später die Holz- und Glasveranda entwickelte. Sie dient in der Hauptsache der Wärmeisolierung. Geschnitzte Dachreiter oder Türmchen für die Hausglocke sind oft zu beobachten. Die Wohn- und Wirtschaftsräume liegen bei kleinen Häusern unter einem Dach, so daß die Gesamtwärme erhalten bleibt.
Es ist erstaunlich, wie die Erbauer der Gebirgshäuser sich den Wind zum Helfer machten, indem sie seine Kraft nutzten. Sie verstanden es, die Dachfirstrichtung so auszuwählen, daß der über das Dach streichende Wind oder Sturm vor den Stubenfenstern einen Wirbel hervorruft. Auf diese sehr einfache Weise werden Eingang und Fenster von Schnee freigehalten, eine Beobachtung, die jeder Wintertourist machen kann.
Die Farben der Häuser reichen vom frischen Braun neuen Holzes bis zum verwitterten Seidengrau. Grelle Töne sind bei den Bauten, die aus dieser Landschaft herauswachsen, nie anzutreffen. Die Gebirgshäuser fügen sich malerisch ein, aber sie sind keine dekorative Selbstdarstellung wie manche der neuen Berghotels am Elbfall oder auf der Schneekoppe. Im Gegenteil, sie bieten ein Bild stiller Verschmelzung mit der Heimatlandschaft Riesengebirge. Mit einem Spottvers wurden die Menschen bedacht, die da oben in den Bergen lebten: »Die sein vo uba druba, wu die Pilze wachsa mit da langa Stiela!« (Sie sind von dort oben, wo die Pilze mit den langen Stielen wachsen.)
Nicht selten finden sich auch in den Gebirgstälern Häuser, die ein wunderschöner Kreuzgiebel mit einer Kreuzstube ziert, wie das Eschnerbäckhaus in Hohenelbe. Da gibt es vor der Kreuzstube sogar einen Balkon, der auf Säulen ruht. Ansonsten ist dieses größere Haus im Tal ebenfalls in Blockbauweise erstellt, mit den hellen Fugen von Moos- und Spanpolsterungen. Wie lebten die Menschen in diesen Gebirgshäusern und wovon lebten sie?
Den Riesengebirgler, wie ihn Berthold Lessenthin schildert, stählten die schweren Lebensbedingungen. Er besaß ein stark entwickeltes Pflichtgefühl, der stetige Daseinskampf führte zu Ernst und Anspruchslosigkeit. Dennoch schätzten die Menschen Frohsinn, Humor und Gemütlichkeit sehr. Schwere körperliche Arbeit bei der Eisabfuhr, der Heueinbringung und dem Holzrücken waren im Winter zu leisten und formten den Charakter des Menschen. Alle diese Arbeiten stellten größte Ansprüche an Kraft, Leistungsfähigkeit und Unerschrockenheit des Gebirglers. Mit stählerner Faust und nervigem Fuß lenkte er den schwerbeladenen Hörnerschlitten talwärts, nahm mit bewundernswertem Geschick schärfste Kurven. Nicht selten donnerten hinter ihm Lawinen in einen Talgrund. Unverdrossen im Kampf gegen die rauhe Natur, harrt der Gebirgler aus und ist zufrieden mit seinem bescheidenen Los. Treu hängt er an seinen heimatlichen Bergen, die er freiwillig nicht verläßt.
Bei einer Kammwanderung konnte dem Wanderer eine weitere Eigentümlichkeit des Gebirges begegnen: Große aufgetürmte Schober fielen ins Auge, die bei Nebel Ritterburgen nicht unähnlich sahen. Ein Großteil des Heus, des sogenannten »Wolfes«, wie das grobe Gras auf den ungedüngten Hochflächen hieß, das nur jedes dritte Jahr geschnitten werden konnte, ist auf dem Kamm in riesigen Schobern um

Stangen herum gesetzt worden. Seltener hat man das Heu dann auf Raafteln (Kraxen) hereingeholt, meist geschah dies mit den praktischen Hörnerschlitten. Bei den kargen Weideflächen war es notwendig, auch den »Wolf« noch zu ernten.

Die Kuh des kleinen Mannes, die Ziege, und andere Kleintiere konnte man in fast jedem Haus antreffen. Auch die Viehwirtschaft war im Gebirge sehr verbreitet, zum Teil in der Art von Alpwirtschaft, bei der im Mai das Vieh aus den Tälern hinauf in die Berge getrieben wird. Das brachte den Viehhirten, die eine wichtige Stellung innehatten, Arbeit. Im Riesengebirge hatten sich bis 1945 noch große Weideflächen erhalten, auch die Waldweide war üblich, man sprach von der »Hutweide«. Für den Hütejungen war es keine leichte Aufgabe, darauf zu achten, daß die Rinder keinen Schaden an Jungbäumen anrichteten, wenn sie dazwischen weideten. Damit sie nicht ausbrechen konnten, hing man ihnen »die Kluppe« um, einen schweren Knüppel, der an die Beine schlug. Wilden oder leicht scheuenden Tieren wurde ein »Scheubratla«, das die Augen bedeckte, an den Hörnern befestigt. Auch gegen Hexen und böse Geister wußte man sich Rat beim Viehauftrieb auf die Kammweiden: Bei Rochlitz-Harrachsdorf wurden den Kühen als Schutz rote Bänder

Blechsymbole auf Stangen als Wegweiser

in die Schwänze geflochten, und ähnlich wie in den Alpenländern schmückte man die Leitkuh. Alle Tiere trugen auf der Waldweide eine Glocke. An das schöne Geläute unterhalb des Spindlerpasses oder der Peterbaude von einst wird sich noch mancher Wanderer erinnern.

Wer nun glaubt, die Riesengebirgler hätten wegen ihres Lebens mit und in der Natur wenig Bildungsmöglichkeiten gehabt, der irrt. Schon 1900 war das Volksschulwesen vorzüglich entwickelt. Lessenthin berichtet, daß auch Kinder aus den höchstgelegenen Bauden die Schulen zu keiner Zeit entbehrten, nicht einmal im Winter, da sie dann, außer an seltenen Sturmtagen, mit den Schneeschuhen zur Schule fuhren. Geistig regsam, stünde der Gebirgler, was seine intellektuellen Fähigkeiten angehe, in keiner Weise hinter dem Flachlandbewohner zurück.

Die Kinder vom Spindlerpaß und aus den Bauden unterhalb des Mädelkammes besuchten bis 1945 die Hauptschule in den Leierbauden oberhalb von Spindlermühle. Im Winter fuhren sie mit den Skiern hinunter, bei ganz schlimmem Wetter wie Schneesturm oder Nebel blieben sie die Woche über unten in der Schule. Am Wochenende holte sie Franz Kukač, der Tschechenfranz, ein Adoptivsohn von Muttel Erben aus der Alten Erlebachbaude, mit Pferd und Schlitten ab. Je schwieriger der Schulweg war, desto wißbegieriger waren die Schüler.

Trotz vieler geographisch bedingter Erschwernisse nahm der Schulbezirk Hohenelbe eine erstaunliche Entwicklung. 1775, im Jahr der Bauernrevolution in Böhmen, wird die Normalschulordnung eingeführt. Ein Jahr nach Aufhebung der Leibeigenschaft (1786) besuchten 347 Kinder aus der Umgebung die Hohenelber Schule. Hackelsdorf und Oberhohenelbe bekommen eigene Schulen, es gibt 1844 sogar einen Taubstummenlehrer, und 1861 wird die »Trivialschule« in eine Pfarrhauptschule umgewandelt.

Acht Jahre später beginnt mit dem neuen Volksschulgesetz ein neues Schulzeitalter. 120000 Gulden kostete die neue Schule; die Korbflechtschule, 1880 als Nebenerwerbsmög-

lichkeit eingerichtet, wird wieder aufgelassen und ein Volkskindergarten eingerichtet. Eine Volks- und Bürgerschule öffnet 1872 ihre Pforten, sogar noch eine für Mädchen, außerdem eine gewerbliche Fortbildungsschule.
Der Deutsche Turnverein von 1884 betätigt sich in vielerlei Weise kulturell, bis schließlich die »Deutsche Lesehalle« in Hohenelbe (1895) viele Lesewünsche mit Büchern und Zeitschriften erfüllt. Kleine Baudendörfer bekommen wenigstens einklassige Volksschulen, eine Volksbücherei wird gestiftet und 1908 das Reformrealgymnasium eingeweiht; lauter für eine weitverstreute Gebirgsregion beachtliche kulturelle Leistungen.
Zum Schluß soll noch von der Mal- und Verzierfreude der Gebirgler die Rede sein. In der dörflichen Bauernmalerei des Schlesiers, wie sie bis hinauf ins Gebirge zu finden ist, begegnet man allenthalben einer buntfarbigen Marmorierung. Wahrscheinlich ist sie aus der Imitation gemaserter Edelhölzer in den Kirchen der Gegenreformation entstanden, beginnend im 17. und 18. Jahrhundert. Einzelne Musterungen sind in einer Veröffentlichung des Müller-Tischlers aus Voigtsdorf im Riesengebirge überliefert.
Das Prellerhaus in Giersdorf, das sich bis 1946 unversehrt erhalten hatte, wies in der roten Oberstube auf rotem Untergrund reiche Pflanzenrankenmotive in helleren Tönen auf, dazu Malereien auf den Deckenbalken und -verschalungen. Die Marmorierung bildete den Untergrund für verschieden große Blumenmedaillons, bei den rötlichen Umrahmungen waren die Füllungen mit den Blumenmotiven auf hellgelben oder gar hellblauen Grund gemalt. Diese Art bäuerlicher Malerei war in den Häusern des Riesengebirges vorzugsweise auf Truhen und Schränken anzutreffen. Nicht selten fand sie sich auf kleinen Spanschachteln oder Kästen, die an langen Abenden in Heimarbeit in den stillen Stuben als Zuverdienst angefertigt wurden.
Der aus Hain im Riesengebirge stammende Radierer Erich Fuchs hat in vielen Arbeiten Bauernstuben und bemalte Einzelmöbel festgehalten, wie Brotalmer, Tellerborde, Löffelkästen und Innentüren.

Gabi-Baude (Spindlerpaßbauden)

In den dreißiger Jahren beschafften sich die Gebirgsbewohner auf der böhmischen Seite einen Nebenverdienst durch die Gablonzer Schmuckwarenindustrie. Ganze Familien saßen um den Tisch und fädelten Modeschmuck-Ketten auf oder setzten Straßsteinchen in Broschen ein. Der Verdienst war zwar bescheiden, doch die Menschen schienen noch immer so zu sein, wie sie hundert und zweihundert Jahre früher von den Reisenden beschrieben worden sind: heiter und zufrieden.

LEINÖL MIT QUARK

Der Speisezettel ist selten üppig in solchen Häusern, wo es in der Umgebung wenig Verdienstmöglichkeiten gibt. Dazu gehören viele kleine Gebirgshäuser, in denen die Bewohner von Kind auf lernen, mit etwas weniger zufrieden zu sein als die Menschen in Tälern und Städten.

Leinöl, frischgepreßt, mit Pellkartoffeln und Quark kam oft auf den Tisch. Auf der schlesischen Seite wußte man diese einfache Mahlzeit zu schätzen. Auch Backobst stand auf dem Küchenzettel obenan. Fast bis zum Hochwald behaupteten sich Apfelbäume, oftmals auch Pflaumen. Natürlich etwas kleinere als anderswo. Dafür blieb nichts liegen. Jeder Apfel wurde aufgehoben, ausgeschnitten und entweder zu Mus verarbeitet, das es zu Kartoffelpuffern gab, oder säuberlich geschnitten zum »Darren« ausgelegt. Die Darre war ein Holzrahmen mit Drahtgitter, auf dem das Obst an der Luft gedörrt werden konnte, bevor es als Wintervorrat in die Leinensäckchen kam. Eingeweicht und gekocht war das selbstgemachte Backobst Zutat zu manchen Gerichten, zu denen auch das »schlesische Himmelreich« aus Klößen, Backobst und Räucherfleisch gehörte.
Wohl galt einst ein Pilzgericht als Arme-Leute-Essen, doch war es eine Köstlichkeit ohnegleichen zu »Appernasterz« (Kartoffelbrei) mit Schnittlauch. Dazu gab es ein Tippel Milch oder Buttermilch, und wenn der Sterz gar noch von ausgelassenem Räucherspeck oder brauner Butter gekrönt

Kleine Sturmhaubenbaude (Spindlerbauden)

wurde, war die Seligkeit vollkommen. Auch mit Kartoffelbrei, grünem Salat und Buttermilch waren die Leute zufrieden. Der Blattsalat konnte auf zweierlei Art zubereitet werden. Entweder mit Buttermilch und Schnittlauch oder mit Essig und ausgelassenem Räucherspeck, an dessen Stelle auch ausgelassene Butter treten konnte.
Mit den Pilzen stand es ähnlich wie mit dem Backobst. Die meist sehr reichliche Ernte von verschwiegenen Pilzplätzen wurde am Abend vor dem Haus sorgfältig sortiert und geputzt. Was nicht sofort verbraucht wurde, schnitt man in dünne Scheiben und fädelte sie an langen Bindfäden auf. Meterlange Girlanden wiegten sich wochenlang unter dem herabgezogenen Schindeldach im Wind und verbreiteten ihren herben Duft. Gut getrocknet verschwanden die Pilze in luftdurchlässigen Leinensäckchen, die am Dachboden als Wintervorrat von den Deckenbalken hingen. Die besten und größten Pilze der Tagesernte waren schon am Morgen zu den Händlern gewandert; sie bedeuteten für die Gebirgler einen wertvollen Zuverdienst.
Hier im Gebirge findet sich die Vorliebe für Klöße aller Art: Hefeklöße, groß wie Gänseeier, auf einem Leinentuch liegend über Dampf gegart, oder Kartoffelklöße, mit Mehl und Eiern aus gekochten Kartoffeln zubereitet, andere wieder aus altbackenem Brot hergestellt, und, nicht zu vergessen, der große böhmische Mehlkloß, Serviettenknödel genannt, weil er in der Serviette gekocht wird, um dann in große Scheiben geschnitten zu werden. An Sonntagen oder hohen Festtagen gibt es sie als Beilage zu Fleischgerichten, in der Woche aber mit Blaubeeren oder Backobst. Als Festessen können die miteinander verwandten schlesischen Pflaumenknödel und die böhmischen Powidelknödel gelten, bei denen ein zarter Nudel- oder Kartoffelteig die süße, reife Frucht umgibt. Vorsichtig müssen sie in kochendem Wasser ziehen bis zur Garzeit. Inzwischen duftet schon in einem Schüsselchen der mit Zimt angerührte Zucker, auf dem Ofen bräunt sacht die kostbare Butter zum Darübergießen.

Bei diesen beliebten Gerichten ist nicht zu übersehen, daß die alpenländischen Vorfahren hier einiges an Küchengeheimnissen überliefert haben. Auch Buchteln, anderswo Rohrnudeln genannt, kamen sehr oft mit dem Obst oder den Beeren der Saison auf den Tisch, Quark aß man fast täglich. Quarkklöße, oder Quarkplinsen, in der Pfanne ausgebacken, erfreuten sich großer Beliebtheit.
Ohne Mohnklöße jedoch, ohne Mohnkuchen mit Streuseln, wobei die Teigschicht die dünnste zu sein hat, und ohne Mohnbabe, also eine Abgerührte in Gugelhupfform, wäre ein Festtag im Gebirge nicht vorstellbar. Solch ein Festtag war nicht jeden Sonntag, wie heute. Da mußte auf die Festtagsbäckerei gespart werden, oft monatelang. Bei einfachen Leuten stand in der »Schwarzen Küche«, wie die Räucherkammer genannt wurde, der Bunzeltopf, ein brauner Tontopf aus Bunzlau, in dem alles Fett, das im Laufe der Wochen bei dem ohnehin bescheidenen Essen entbehrlich war, gesammelt wurde. Mit Zucker und Mehl stand es nicht anders. Eine Ausnahme machte nur der Mohn. Alter Mohn schmeckt bitter. Kenner wissen das. Er darf nur ganz frisch gemahlen sein, das war für Hausfrauen und Köchinnen ein ungeschriebenes Gesetz. Trotz aller Gerüchte, Mohn mache dumm, haben die Köchinnen in der schlesisch-böhmischen Küche dieses Risiko angesichts der Köstlichkeit ihrer Mohngerichte in Kauf genommen.
Während auf der Südseite sich Getreidefelder, vorwiegend Roggen mit niederem Wuchs, höchstens bis in 800–900 m Höhe vorwagten, behauptete sich die Kartoffel auf der schlesischen Seite nicht selten bis zu einer Höhe von 1000 m. Bescheidene Ernten, gewiß, doch lebensnotwendig für die Menschen an den kargen Berglehnen mit unfruchtbaren Böden. Wo es Kartoffeln gab, da wurde meist ein Schwein mitgefüttert, wo es ein Schwein gab, da war auch der Räucherspeck zu Hause, ohne den die Küche nicht auskommt. Ob grüner Salat oder der gute Kartoffelsalat mit Äpfeln, Salzgurke, Hering und der richtigen Kartoffelsorte –

»Rübezahl erlustieret sich auf dem Großen Teich«

beides ist ohne ausgelassenen Räucherspeck undenkbar.
Auch die vielen Gewürzkräuter dürfen wir nicht vergessen, wobei den Gebirglern der Dill über alles geht, in der Dillsoße zum Prager Tafelspitz im Böhmischen oder am Gurkensalat im Schlesischen. Den scharfen Kren, Meerrettich, liebte die Bevölkerung auf beiden Seiten der Schneekoppe zu Fleisch und in Soßen, und was die Roggenmehlsuppe morgens, war die Wassersuppe am Abend. Gutes Roggenmehlsauerteigbrot wurde in Würfel geschnitten, eine Prise Salz darübergestreut, eine Zehe Knoblauch hineingedrückt und kochendes Wasser darüber gegossen. Wer ein Stückchen Butter dazu hatte, konnte die Suppe verfeinern, wer nicht, war auch so zufrieden. Besonders die Großeltern und die altgewordenen unverheirateten Tanten oder Onkel, die früher ganz mit in den Familien lebten, waren für weiches Essen mitunter sehr dankbar. Brauchten sie doch dann das Brot nicht in ihr »Tippel Kaffee« einzubrocken. Von Zahnschmerzen geplagte Kinder tröstete man in den niederen Stuben droben in den Bergen mit Semmelmilch! Alte Semmeln, in Scheiben geschnitten in die Schüssel, Zucker drüber und Milch. Nach

einem ungeschriebenen Gesetz gab es so etwas Schönes nur nach dem Besuch beim Zahnarzt.
Zum Leben der einfachen Leute gehörte das Kraut. Die im böhmischen Riesengebirge hatten es da wieder besser als ihre Nachbarn, bei denen es weiter oben nicht mehr in den Hausgärten wuchs. Dafür glich es im Böhmischen, wo es noch gutes Ackerland auf den Vorbergen gab, einem Familienfest, wenn das jährliche Sauerkraut in einen großen Steintopf eingestampft wurde!
Zum Abschluß unseres Besuches im kleinen Holzhaus, wo auf der Herdplatte allerhand köstliche Gaumenfreuden bereitet werden, folgen wir Frauen und Kindern hinaus an die Hänge und Waldschneisen zur Beerenernte.
Die Himbeeren warteten als erste darauf, gepflückt zu werden. Oft waren sie schwer zugänglich, die Dornen kratzten auf der Haut. Doch am Abend mit einem Butterbrot, einer Schnitte, und mit berggekühlter Milch verspeist, entschädigten sie für alle Mühen. Später reihte sich als Wintervorrat Flasche an Flasche mit dem aromatischen Waldhimbeersaft.
Doch die wenigsten wissen, daß Himbeerpflanzen und der dichte Filz des Blaubeerwurzelwerks, trockene Böden bedeckend, jungen Kulturen sehr schaden. Die später zu erntende Preiselbeere auf ihren trockenen, sonnigen und mageren Standorten muß sich den gleichen Vorwurf gefallen lassen. Sie lebt auf verwilderten Böden, wo sich kaum noch Baumkulturen anlegen lassen.
Die Beerenpflücker jedoch interessierte es nicht, daß sie es mit Forstunkräutern zu tun hatten. Beerenernte heißt für sie, neben dem eigenen Wintervorrat auch eine zusätzliche Verdienstmöglichkeit zu haben. Scharenweise bevölkerten sie die Hänge, während unten auf den schattigen Waldwegen die Händler mit ihren Wagen warteten. Meist wurde an Ort und Stelle der Lohn ausgezahlt.
Bei aller Freude war die Furcht vor den Kreuzottern groß. Niemand durfte sich ohne festes Schuhwerk in die Beeren wagen. Gern sonnten sich die Kreuzottern auf den warmen Steinen, wo Blaubeersträucher standen. Dann erinnerten sich die Kinder an die Geschichte vom Otternkönig, die die Großmutter manchmal abends in der Dunkelstunde erzählte, bevor die Lampe über dem Tisch angezündet wurde. Der Otternkönig trug ein goldenes Krönlein. Breitete man ihm ein weißes Tuch aus, so konnte es geschehen, daß er das Krönchen darauflegte. Deshalb waren die Beerenkinder immer darauf bedacht, so ein Tüchlein dabei zu haben; doch die Angst vor den Kreuzottern verloren sie nicht.
Wenn die Großmutter solche Geschichten erzählte, saß Großvater nicht selten auf der Ofenbank und schnitzte allerhand Nützliches, wie Kochlöffel und Mehlschöpfer, oder er machte Rutenbesen, flocht Obst- und Viertelkörbe, die immer gebraucht wurden.
Nie wurde in einem solchen Bergstübchen ein frisches Brot angeschnitten, auf das die Mutter oder die Großmutter nicht vorher drei Kreuze gezeichnet hatte, damit es gesegnet sei. Dem Herrgott am Tisch für die Speisen zu danken war genauso üblich, wie dankbar die Hände zu falten bei des Vaters abendlicher Heimkehr vom Holzrücken oder einer anderen gefährlichen Arbeit. Der gute Ausgang eines Tages war so selbstverständlich nicht.
Einfach war das Leben in diesen anheimelnden Holzhäusern, weit über die Berge verstreut, nicht. Aber es war gut, voller Kraft und Demut zugleich, fest verwurzelt im Heimatboden.

MUNDARTLICHE BLÜTENLESE

Im gesamten Riesengebirge, von Trautenau bis Hirschberg und von Schmiedeberg bis Harrachsdorf, sprach die deutsche Bevölkerung das gemütliche Gebirgsschlesisch, gefärbt durch örtliche Eigenheiten, wie sie sich im Laufe der Besiedlungsgeschichte ausgebildet hatten.
Gebirgsschlesisch ist eine warme, teilweise rührend umständliche Sprache, zumal in den Dörfern auf der schlesischen

Seite. Wie jede Mundart läßt auch sie viele Rückschlüsse auf die Menschen und auf die Umstände zu, in denen sie leben. Vor beinahe zweihundert Jahren gab Petrak in seiner 1788 erschienenen topographischen Beschreibung des Riesengebirges eine Begegnung mit einem neunzigjährigen Gebirgler, der sich zum Sterben anschickte, wieder. Dieser wohnte in einer abgelegenen Baude hoch auf den Bergen und sah seinem Tod gefaßt entgegen. Als ihn der aus Hohenelbe herbeigerufene Priester mit den geistlichen Tröstungen versah und dabei die Versicherung abgab, daß ja auch sein göttlicher Erlöser für ihn am Kreuze gestorben sei, rief der Greis verwundert aus: »Su – ies doas orme Norrla gesturba? Soat ock, lieber Gottesknacht, ihr werd merr ernd wull nich biese sein, doaß ich an ich bin nich uff sei Begräbnis geganga? Weil ma doch ei dam wilda Geberge nischte nich derfohrn kunnde...!« Ja, die Nachrichten brauchten damals lange, und manchen erreichten sie erst im Tode.

Nicht von unseren Mundartdichtern wollen wir sprechen, die mit ihren Gedichten und Schnooken (heitere Prosa) das Leben um sie herum so köstlich oder tiefsinnig und in jedem Falle treffsicher beschrieben haben. Denn nirgendwo kann sich die Seele eines Volkes so überzeugend offenbaren wie in seinen Redensarten und Sprichwörtern. Manche, von denen hier die Rede sein wird, mögen schon bekannt gewesen sein, als sich zu Zeiten der Hausweberei die Nachbarn zum »Lichta-Abend«, zum »Rockengang« oder eben zum Spinnabend trafen, der zu Ende war, wenn der »aale Seeger« neun schlug. Die neunte Stunde bedeutete Abschied nehmen für die älteren Kinder, die dabei gewesen waren und sich die Zeit mit Federnschleißen vertrieben hatten. Blitzschnell verschwanden sie von der Bildfläche, wenn es hieß, die »Spillalutsche« (eine Flachshexe) würde sie holen, falls sie nicht gleich schlafen gingen. Sie gehorchten gern und freuten sich schon wieder auf das nächste Sommersingen am Sonntag Lätare, wenn sie mit buntgeschmückten Sommerstecken von Haus zu Haus zogen, um den Frühling zu verkünden:

»Summer, Summer, Summer,
ich bien a kleener Pummer,
ich bien a kleener Keenig,
gatt merr nich zu wenich,
lußt mich nich zu lange stiehn
ich muuß a Häusl wettergiehn...«

Die Sommerkindel wurden dafür reichlich von den Hausfrauen mit Eiern, Schaumbrezeln und vielen guten Sachen belohnt. Im Frühjahr schnitten sich die Jungen Weidenpfeifchen, was auch zum Brauchtum gehörte. Wenn sie den Bast vom Holz lösten, sangen sie:

»Pfeifla, Pfeifla, gib merr Soaft,
wenn derr Pauer a Hoafer rofft,
wenn die Froo die Kiche kehrt,
wenn die Moad a Schwein' nausträt,
gieht se ganz alleene,
die Koatze hoot vier Beene,
die Koatze hoot an langa Schwanz,
Pfeifla, Pfeifla, bleib merr ganz!«

Der Jahrhunderte alte Brauch des Sommersingens ist auch in der Fremde wieder bei den Riesengebirglern aufgelebt; doch die Weidenpfeifchen sind vergessen.

Töpferbaude, 1854 erbaut (abgebrannt)

Dafür sind uns die Redensarten geblieben, nicht zuletzt ein Verdienst der vielen »Spinnstuben«, wie der in Schreiberhau, in Kiesewald, in Hain oder in einem anderen Dörflein des Gebirges, die sich in diesem Jahrhundert zu einer Art Volksbühne entwickelten. Sie pflegten ursprüngliche Mundart und das Brauchtum. Wilhelm Menzel, liebevoll »inser Menzel-Willem« genannt, der in Hirschberg wirkte und lebte, entfaltete vor seinen Zuhörern den ganzen Mundartreichtum der Heimat und überlieferte uns sprachliche Köstlichkeiten: »Ar ies weiß wie anne oabgeleckte Quorkschniete« – wenn jemand sehr blaß war. »Ar ies dürre wie a gemästeter Rechenstiehl«. Ganz herrlich sind die Redensarten, wenn es darum geht, jemanden zu beschreiben, der sehr groß ist: »Dar koan aus derr Dachrinne saufa, gruß genung ies ha.« Oder: »Dar braucht blußig a poar moal hiezuschloan, doo ies ha glei ei derr Stoadt!« Noch deutlicher: »Dar ies asu lang, wenn ha sich im Friehjoar die Fisse derkälden tutt, do kriegt a eim Herbste irschte a Schnuppa!«
Hatte jemand Sorgen, konnte es einen Trost bedeuten zu hören: »Kimt Zeit, kimmt Root – kimmt a aaler Toop gefloin, findt sich o a Droht!« Auf Eltern, die jedes Jahr ein neues Kindel in der Wiege hatten, war gemünzt: »Wam inse Herrgott beschert a Hasla, nu dam beschärt ha o a Grasla« – wenn die Eltern Gott vertrauen, braucht das Kindel nicht zu verhungern. Das den Riesengebirglern so eigene Verhältnis zu Gott ist in dem folgenden Sprüchlein festgehalten: »Wenn's Gott will, daß de obbrenna sullst, troags ei Geduld – an wärm dich droa!«
»Imsunst is nischte nich uff dar Welt. Nich amol derr Tud, denn dar kust noch is Laba!« Und hier eine andere verschmitzte Weisheit: »Woas nutzt ins schlechtes Laba? – Nischt! – Lieber awing gutt – an doderfiere a bißla länger...« »Oaber seit doas Sterba uffgekumme ies, is ma halt seines Labens nimme sicher...« – Humor schlägt unversehens um in tiefes Sinnieren, auch in der Mundart.

ORIGINALE UND SONDERLINGE

Wo Berggeist Rübezahl gleich ein ganzes Gebirge zu seiner Sagenwelt erkoren hat, fehlt es nicht an originellen Menschen und Sonderlingen. Sie entwickelten sich in der Weite und Einsamkeit inmitten elementarer Natur zu dem, was sie in der Erinnerung der Nachwelt geblieben sind: kindlich-naiv und gleichzeitig klug und wissend, sich ihrer Eigenart in keiner Weise bewußt.
Einige will ich hier vorstellen. Nicht, daß sie als typisch für diese Landschaft gelten könnten, obwohl sie von ihr so hervorgebracht wurden. Doch sie vereinigen in sich viel vom riesengebirgischen Menschen, der »getuppelt«, also gedoppelt ist, wie die Dichter sagen, gleichzeitig in der realen Welt und einer solchen zwischen Traum und Gefühl angesiedelt. Bei vielen besteht eine Seelenverwandtschaft mit Gerhart Hauptmanns »Narr in Christo Emanuel Quint«, von dem der Dichter erzählt, wie er zwischen Träumen und Wachen ganz langsam in einen Zustand der Wonne hineinglitt, der neu für ihn war und ihn beschließen ließ, fortan und immerdar die Nähe der Menschen zu meiden und nur mit all seiner Liebe in dieser Stille Gott ergeben zu sein. Sicher ist es kein Zufall, daß unser großer schlesischer Dichter, der bis zu seinem Tode im Riesengebirge lebte, einen solchen Menschen, den andere für einen Narren halten mögen, in den Mittelpunkt seines Werkes stellte.
Im 17. Jahrhundert war im Hirschberger Tal von einem naturkundigen Schäfer, »Mooza-Gootel« genannt, die Rede. Er hat kein Gedicht und kein Lied hinterlassen, und doch führten seinen Namen bis in die jüngste Vergangenheit viele Menschen im Munde, ohne daß sie von ihm wußten. Wenn sich vor dem Gebirgskamm drohend die Wetterwolken zusammenballten, hieß es: »Nu doo. Doas ies verlechte wieder asu a Moozagegootel! Glei werd's gissa wie aus Milchkonna.« Es war also starker Regen zu erwarten, und es würde gießen wie aus Milchkannen.

Der Schäfer Gottlieb Matz betrieb beim Hüten seiner Schafherden seine ganz und gar persönliche, unwissenschaftliche, jedoch treffsichere Wettervorhersage. Er las sie aus den Wolkenbildungen, aus der Nähe oder der Ferne des Bergkammes oder seinen farblichen Abstufungen heraus. Deshalb war er in diesem wetterwendischen Gebirge ein wichtiger Mann für Saat und Ernte und nicht zuletzt den Flachsanbau für die Leineweberei. Gottlieb Matz war deshalb so beliebt, daß man ihn auf gut schlesisch nur »Mooza-Gootel« hieß. Seine Wolken benannte man nach ihm; später jedoch wußte kaum noch jemand, wie sie zu diesem Namen gekommen waren.

In der Mitte des letzten Jahrhunderts machte im Gebirge der »Diogenes von der Wosseckerbaude« von sich reden, da er durch Verzicht auf alle irdischen Güter und sein asketisches, vergeistigtes Leben dem echten Diogenes nicht unähnlich war. Es handelt sich dabei um den etwa 1820 in den Krausebauden geborenen Joseph Erlebach. Der akademisch gebildete Mann, der in Prag studiert hatte, galt als Naturdichter und Philosoph. Unter den Baudenleuten war er wohlgelitten. Der Schriftsteller Berthold Lessenthin beschreibt ihn in seinem Buch »Das Riesengebirge im Winter« (1901). Er wohnte als Einsiedler in einem Schuppen der Wosseckerbaude, verschmähte Bett und Essen der Baudenleute. Zehn Jahre lebte er dort, schlief in der Hölle des Baudenofens, wenn er es nicht vorzog, im Freien zu nächtigen.

Neben seiner Schulmeistertätigkeit und seinen botanischen Arbeiten baute er unentwegt Modelle von Luftfahrzeugen. Sein Traum war die Herstellung eines Ballons, der auf dem Reifträger oder an den Schneegruben starten und Personen in schneller Fahrt nach Bad Warmbrunn bringen sollte. In allen Bauden hatte er seine Hilfsgeräte stehen. Er war ein Bewunderer Otto Lilienthals, doch erlebte er dessen geglückte Flugversuche 1891 nicht mehr, da er 1885 in einer frostigen Mainacht völlig entkräftet zwischen Knieholz erfror.

Niemand sah ihn mehr gebückt auf der Kranichwiese und den

Wosseckerbaude (1222 m) im Quellgebiet der Elbe

Elbwiesen herumhuschen, um die wertvollen Heilkräutlein zu finden. Seine Anspruchslosigkeit hatte ihn in die Lage versetzt, viel Zeit in beschaulicher philosophischer Betrachtung zu verbringen, von einsamen, stillen Orten weit ins Land schauend, Beobachtungen, Gedanken in Prosa und Gedichten niederschreibend. Nichts von seinen Aufzeichnungen ist erhalten geblieben. Wahrscheinlich gingen sie beim Umbau der Wosseckerbaude verloren. Nur die Erinnerung an seine Eigenarten und Schrullen blieb und die Berühmtheit als glückloser Luftpionier. Niemals entmutigt, baute er immer wieder neue Modelle aus Holz und Leinwand, aber der Wind, mit dessen Hilfe er fliegen wollte, war auch sein Feind und zerstörte mit plötzlichen Sturmböen den Lebenstraum eines liebenswerten, genialen Sonderlings.

Der belächelte Ikarus mußte seine vogelähnlichen Gestelle über eine Staatsgrenze bis zu den entfernten Startplätzen an den Nordhängen bringen. Niemand behinderte ihn dabei, denn er überschritt eine Grenze, die nicht trennte.

In der Zeit, als »Diogenes von der Wosseckerbaude« starb, konnte man im Gebirge einem wildaussehenden Mann mit schwarzem Vollbart und Schlapphut begegnen. Wenn er plötzlich aus dem Nebel auftauchte, flößte er Fremden einen gehörigen Schrecken ein, die ihn für Rübezahl persönlich hielten. Das war der »Schwarze von der Spindlerbaude«, die Gutmütigkeit in Person. Er hieß Franz Schreyer und war ein Findelkind, um 1860 geboren. In der Spindlerbaude hatte er eine Heimat gefunden; sie war auch später sein Hauptquartier als Träger. Denn er gehörte zu den vielen, die auf ihren Rücken große Lasten über die Berge schleppten und ohne die ein Leben dort überhaupt nicht denkbar gewesen wäre. Der »Schwarze von der Spindlerbaude« trug Butter hinab ins Tal, hauptsächlich nach Hirschberg. Denn der alte Hollmann von der Spindlerbaude betrieb, bevor die Baude einem verheerenden Brand zum Opfer fiel, in dem Frau und Kind umkamen, einen schwunghaften Butterhandel, sogar bis an die Nord- und Ostsee, wie die alten Handelsbücher ausweisen. Ohne den Schwarzen und seine gute Baudenbutter war der Hirschberger Wochenmarkt vor der Jahrhundertwende nicht denkbar. Die begehrte Ware war im Handumdrehen verkauft. Dann saß der bärtige Träger, umringt von Kindern, auf der Rathaustreppe und schnitt mit einem Taschenmesser Schnitten von einem Brotrampftel (Endstück), für das ihm noch ein wenig Butter geblieben war. Er hatte einen Heimweg von über dreißig Kilometern vor sich.

Der »Schwarze« von der Spindlerbaude

Oft mußte der Butterträger den Weg von der Spindlerbaude über den Kamm nehmen, um kurz vor der Koppe ins Tal abzusteigen. Die Baudenbutter war auch begehrt in den Schlössern von Fischbach, Buchwald und Erdmannsdorf bei den fürstlichen Familien. Sogar um das 1888 vermählte preußische Kronprinzenpaar rankt sich eine Anekdote:
Eines Morgens stand plötzlich ein wildaussehender Mann im Schloßgarten von Erdmannsdorf vor der Kronprinzessin. Er fragte, ob sie denn zum Hause gehöre? Als sie das bejahte, sagte er streng zu dem vermeintlichen Fräulein: »Do brenga se ock bale an risch die gude Putter nei zu da hucha Herrschofta aus Berlin. Se sull zum Friehstücke sein. Macha se ock risch, doaß se nich zerlaufa tutt!« Die verdutzte Kronprinzessin nahm dem Schwarzen von der Spindlerbaude die frische Butter ab. Sie soll den Majestäten an diesem Morgen köstlich gemundet haben.

DIE KRUMMHÜBLER LABORANTEN

Als Kurort mit gemütlichen Bauden und Pensionen spielt Krummhübel seit Beginn dieses Jahrhunderts eine herausragende Rolle im Fremdenverkehr, nicht zuletzt wegen seiner Lage am Fuße der Schneekoppe. Heute bringt Krummhübel im Sommer bis zu 9000 Feriengäste unter, der Massentourismus verwischt die einst eigene Prägung des Ortes, der 1960 Stadtrecht erhielt. Von Hirschberg aus ist Krummhübel mit dem Autobus oder Personenwagen leicht zu erreichen (21 km).
Wer an der »Straße zum 1. Mai« einen mächtigen Baum von 5 m Umfang bewundert, der steht vor der alten Gerichtslinde, unter der sich Richter und Schöffen trafen, um Recht zu sprechen. Unweit davon befindet sich das älteste erhaltene

Bauwerk, der Gerichtskretscham aus dem Jahre 1602. Dieses würdige Haus schlägt ein bißchen aus der Art, denn andernorts entstand immer erst die Kirche und dann der Kretscham. Nicht ohne Grund heißt es in einem alten schlesischen Mundartlied:

»Wenn die Urgel 's letzte Stickla spielt,
aalt an jung sich wieder dorschtich fiehlt.
Zum Kratschen lenk merr inse Schriete,
do kimmt sugoar der Pforrer miete ...«

In Krummhübel war das eine sehr lange Zeit hindurch nicht möglich, denn beide Kirchen wurden erst am Anfang unseres Jahrhunderts erbaut. Ein Chronist schrieb deshalb einmal: »Cromenhübel ist ein eigentümliches Dorf, es hat wohl zwei Schänken, aber keine Kirche.« Er hätte weiter berichten müssen, daß es mit der Frömmigkeit trotzdem nicht schlecht bestellt war, denn man ging zu Fuß bis Arnsdorf in die Kirche.

Der Gerichtskretscham als wichtigstes Bauwerk dieses Ortes befand sich zuletzt 236 Jahre lang ununterbrochen im Besitz der Familie Exner, die bis 1945 in der Gerichtsstube Bilder und ganze Bündel alter Akten und Urkunden hütete. Heute ist in dem ehrwürdigen Gebäude das Ferienheim »Bacchus« untergebracht.

In der Mitte des 17. Jahrhunderts war der Ort durch die »Krummhübler Laboranten« weit über die Grenzen des Landes hinaus bekannt geworden. In einem alten Zinsbuch der Schaffgotschen Herrschaftskanzlei zu Arnsdorf, in dem der Ort 1599 zum ersten Mal erwähnt wird, ist vermerkt, daß unter den Niedergelassenen zwei Handwerker und ein Barbier seien. Diesem offensichtlich sehr frühen Dorfleben folgt die Zeit der Heilkundigen, danach wurde es für lange Zeit wieder still um Krummhübel.

1797 erscheint ein Bericht in den »Schlesischen Provinzialblättern«, wonach es dort nur noch ein Wirtshaus und die elenden Hütten der Köhler aus Lehm und Holz gab. Es läßt sich nur vermuten, daß nicht die große Hungersnot von 1571 bis 1573 die Bewohner dahinraffte, sondern die Pest. »1607 ist gantz Böhmen, Schlesing und andere benachbarte Länder von einer giftigen Pest überzogen worden,« desgleichen noch einmal im Jahre 1680, berichten die Chronisten von Trautenau und Hohenelbe. Sterbebücher gab es zu dieser Zeit noch nicht, so daß sich die Ursachen für das Aussterben nicht klären lassen.

Wer aber waren die Krummhübler Laboranten, nach deren Spuren man heute vergeblich forscht? Der evangelische Feldprediger T. S. Kropp berichtet 1799 über sie in seiner Schrift »Benjamin Werner – eine schlesische Geschichte aus den Jahren 1622–1675« folgendes: »Den Zuwachs und das heutige Ansehen erhielt Krummhübel erst durch die daselbst ansässig gewordenen Laboranten, die man bis in das 18. Jahrhundert Destillateurs oder Destilliers nannte, und welche ihr dasiges Entstehen einer Intoleranz, Religionsverfolgung und einem besonderen Zufalle zu danken haben. Denn im Dreißigjährigen Kriege zwischen 1631 und 1636, als die Stadt und Festung Glatz, worin Truppen lagen, von den österreichischen kaiserlichen Truppen belagert wurde, war der dasige Apotheker Georg Werner zugleich Ratsmann. Als ein

Schloß Fischbach

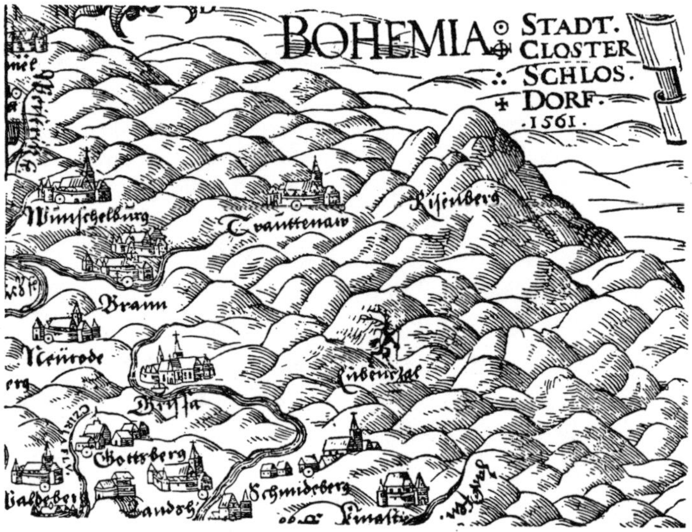

M. Helwig: Schlesien mit dem Riesengebirge (1561)

Mann von Ansehen und Vermögen und von lutherischer Religion verwandte er sich heftig für die Schweden und gegen die kaiserlichen Truppen. Er wiegelte zugunsten der Schweden seine Mitbürger auf ...«

Werner floh aus Glatz, wobei er seinen Sohn Georg, einen lutherischen Kandidaten der Theologie, sowie sein Vermögen mitnahm. Sie wanderten der Gebirgskette nach bis unter die Schneekoppe. Dort, im Gehänge, fielen die beiden kraftlos nieder; der Hund des Försters Samuel spürte sie auf. Die Flüchtlinge wurden nach Krummhübel gebracht und vom Weib des Försters gesundgepflegt. Aus Dankbarkeit halfen sie beim Viehfüttern, wobei sie bald im Heu »viele balsamische und offizinelle Kräuter« entdeckten. Der Apotheker aus Glatz kannte sich mit Kräutern bestens aus und beschloß, mit seinem Geld hier ein »Offizin« anzulegen und Medizin zu betreiben. Die Kranken kurierte er umsonst oder für geringes Geld.

Bald brauchte er einen Gehilfen. Er fand ihn in Melchior Hampel, der seinen Lebensunterhalt mit Otternfang und dem Verkauf von Otternfett bestritt. Hampel kannte wie kein zweiter das Gebirge und lernte durch den Apotheker alle Heilkräuter unterscheiden. Er sammelte sie und trug auch die Medizin im Lande aus. Als sich das herumsprach, kamen immer mehr »Kräuterlehrlinge« nach Krummhübel. Sie siedelten sich auf »wüsten« Stellen an, bereiteten Medikamente und veräußerten sie selbst, wenn auch ohne die notwendige »landesherrliche Erlaubnis«.

Diese wurde durch einen Zufall für die Krummhübler Laborantenkolonie erwirkt: Der junge Ulrich Graf Schaffgotsch, dessen Vater das Gebiet gehörte, lag so krank darnieder, daß ihn niemand kurieren konnte. Der Arnsdorfer Pfarrer Wenzel Kahl holte den Apotheker Werner, der den jungen Grafen von einer schlimmen Verstopfung befreite. Er war der gleiche Ulrich Schaffgotsch, der am 23. Juli 1635 in Regensburg wegen eines Staatsverbrechens zum Tode verurteilt und enthauptet wurde. Die Hinrichtung war ein spätes Werk Kaiser Ferdinands II., des Königs von Böhmen, der bis zu seinem Tode 1637 mit allen erdenklichen Mitteln die Ausrottung der Protestanten betrieb.

Jener Ulrich Graf Schaffgotsch bot nach seiner Heilung »seine Gnade« an, und so bat Apotheker Werner, ihm »bei der Landesregierung Pardon, Freiheit und die Erlaubnis, in Krummhübel zu laborieren und sich ansässig zu machen« zu erwirken, was auch geschah.

Danach bevölkerten Wurzelmänner und Kräuterweiblein das Gebirge, die mit Kennerblick umherstreiften und den Laboranten zulieferten. Das Heilgewerbe nahm überall einen großen Aufschwung.

Die erste Apotheke eröffnete mit Schaffgotscher Erlaubnis in Greiffenberg der 1563 geborene Dr. Caspar Schwenckfeldt, ein berühmter Naturforscher und späterer Stadtarzt von Hirschberg. Es wird angenommen, daß der aus Glatz stammende Werner sein Schüler war.

Als Naturforscher interessierten Schwenckfeldt natürlich die

Lehren des berühmten Paracelsus, der in seinen Wanderjahren zwischen 1539 und 1541 auch Schlesien und das Riesengebirge durchstreift hatte. Der 1493 in Einsiedeln in der Schweiz geborene Arzt und Naturphilosoph war zu diesem Wanderleben gezwungen worden, verfolgt von der damaligen Schulmedizin. Seine Lehren fanden im Kreise des Hirschberger Stadtarztes und der Krummhübler Laboranten Eingang, zumal zu den Laboranten inzwischen auch zwei Studenten aus Prag gestoßen waren, die der alten »Prager Paracelsischen Schule der Naturheilkunde« angehört hatten. So mag es gekommen sein, daß ein großer Teil des wissenschaftlichen Nachlasses von Paracelsus, der eigentlich Theophrastus Bombastus von Hohenheim hieß, sich in den Händen des Hirschberger Arztes Johann Schultheiß befand, dem die spätere Drucklegung zu verdanken ist.
Viel ist von dieser großen Zeit der Blüte der Naturheilkunde in Krummhübel nicht mehr zu spüren, es sei denn, daß die dort Erholung Suchenden gestärkt an Leib und Seele wieder heimkehren.

DIE WALEN ALS SCHATZSUCHER

Bis heute ist das Auftauchen der Walen im Riesengebirge von vielen Geheimnissen umgeben, doch weisen wir vorsichtshalber darauf hin, daß es sich um Menschen und nicht um Meeresbewohner handelt. Oft fließen Wahrheit und Sage ineinander, obwohl die auf Pergament geschriebenen Walentexte erhalten geblieben sind: Fundortbestimmungen für Schatzsucher, die auch im Schlesien des 15. Jahrhunderts einzigartig waren. Die verschiedenen Walenbücher geben genaue Anweisungen mit Schilderungen, wo zur Orientierung an Felsen oder sonstigen markanten Stellen Zeichen angebracht wurden. Von diesen alten Zeichen sind noch einige mit etwas Glück zu entdecken, entlang des Wanderweges von Nieder- nach Oberschreiberhau an der Bergseite.

Die geheimnisvollen Zeichen waren es, die der Sagenbildung um diese Menschen reichlich Stoff lieferten. Denn die Walenzeichen, ob Zufall oder nicht, ähneln Druidenzeichen keltischen Ursprungs. Hinzu kam noch der Aberglaube einfacher Menschen, die den wahren Sachverhalt nicht kannten, und so wurden die Walen, vagabundierend und nicht selten mit der Wünschelrute durch die Wälder streifend, des Umgangs mit dem Teufel verdächtigt. Es schien, als wollten sie des Berggeistes unterirdische Schätze rauben.
Darin überschnitt sich die mündlich überlieferte Sage wieder mit der Wirklichkeit. Denn daß im Mittelalter plötzlich Menschen aus aller Herren Ländern in das unwirtliche Riesengebirge strömten, lag nicht so sehr an den Naturschönheiten als vielmehr an der Kunde von den sagenhaften Edelsteinen, die es dort geben sollte. Die Gerüchte mögen übertrieben haben, doch bewogen sie die Herren von Biberstein, auf ihrem Besitz an der Kleinen Iser im Grenzsattel zwischen beiden Gebirgsteilen nach Gold und edlen Steinen schürfen zu lassen. Mit Sicherheit wurde etwas gefunden, sonst hätten nicht einige angesehene humanistische Gelehrte dieser Zeit, wie Caspar von Schwenckfeld (1489–1561) und Bohuslav

Alte Schlesische Baude (1770) am Böhmischen Steig

Balbin (1621–1688), darüber berichtet, daß dort an der Kleinen Iser »Achate, Amethyste, Carneole, Chrystalle, Magnetite, Onyxe, Rubine, Turmaline, Topaze und Saphire« zu finden seien...

Zu dieser Zeit regierte Kaiser Rudolf II. (1576–1612), der dafür bekannt war, sich anstatt mit Regierungsgeschäften auf dem Prager Hradschin lieber mit seinen kunst- und naturwissenschaftlichen Sammlungen zu beschäftigen. Die Gemmologie gehörte dazu. Er sandte Vertraute in die Gegend von Schreiberhau, um zu prüfen, was von den Gerüchten stimme. Danach erteilte er einigen Edelsteinsuchern das Recht, dort zu schürfen.

Albrecht Herzog von Wallenstein (1583–1634) schließlich war es, der die Walen ins Gebirge holte. Er räumte bergverständigen Italienern das Recht ein, das Gebirge nach Edelsteinen zu durchsuchen. Die Walen sind also nicht, wie vielfach angenommen, schweizerische Walliser oder belgische Wallonen, sondern Italiener.

Der Berghauptmann

Da im Wallensteinschen Schloßarchiv Saphire, Amethyste, Rubine, Smaragde, Türkise, auch Goldkörner gefunden wurden, nahm man an, daß diese aus der näheren Umgebung stammten, und die Gerüchte von den sagenhaften Schätzen erhielten neue Nahrung.

Wen will es verwundern, daß der geheimnisvolle »Walenwegweiser« zu den begehrtesten Schriften dieser Zeit zählte. An sie erinnern noch heute Namen wie »Saphirflößel« und »Welscher Kamm«. In den Sagen, die sich neben den echten Berichten hartnäckig hielten, spielt die Abendburg in der Nähe des Hochsteins bei Schreiberhau eine große Rolle. Die Verwandtschaft zu einer Rübezahlsage ist unverkennbar, wenn von funkelnden Schätzen im Innern die Rede ist. Diese Abendburg liegt in 1407 m Höhe am Hohen Iserkamm, gegenüber dem Branntweinstein. Durch das Tal zwischen den beiden führt die alte Zollstraße nach Karlsthal. Doch diese sagenhafte Burg ist nichts weiter als ein aufgetürmter Haufen Geröll und Gesteinstrümmer, die auf Entfernung den Eindruck einer Burgruine vermitteln. Es ist eine wilde, verwunschene Gegend, von den Menschen des Mittelalters gemieden.

Daß die Walen sich dort nicht fürchteten, war wiederum ein Grund, sich vor ihnen zu fürchten. Zudem war es kaum möglich, in den Besitz der begehrten Walenbücher zu gelangen, es sei denn, man verbündete sich mit dem Teufel. Mancher hätte das schon gewagt, aber die wenigsten Leute konnten lesen! Man mied deshalb die schwarzhaarigen Goldsucher mit der dunklen Haut, die den Teufel im Leib hatten wie ihre Mädchen mit den dunklen Augen, die den einfachen Männern des Gebirges den Kopf verdrehten.

Wissenschaftler späterer Zeit unterstrichen allerdings die Glaubwürdigkeit der auf Pergament geschriebenen Walentexte. Sie erbrachten den Nachweis, daß in diesem Teil des Gebirges über dreißig verschiedene Mineralien und Metalle vorkamen. Bis auf Gold, das überall gewaschen wurde, hatte die Metallgewinnung keine große Bedeutung, wenn man von

dem Bergbau im Bezirk Trautenau-Hohenelbe, Schmiedeberg und Kupferberg absieht, wo Magneteisenstein in großen Mengen abgebaut wurde.
Nach unserem heutigen Verständnis waren die edelsteinsuchenden Walen erfahrene Gemmologen des Mittelalters. Da sie des Schreibens kundig waren, muß es sich um gebildete Menschen gehandelt haben. Sie kamen überwiegend aus Venedig und Florenz. Weshalb ihr Weg sie über Krakau und Breslau bis ins Riesengebirge führte, kann ein Blick in die Geschichte erhellen: Zu dieser Zeit hatte neben dem deutschen Element auch das italienische in Polen Einfluß, nicht zuletzt wegen der engen Verbindung Polens mit dem Papst. Italienische Berater und Kaufleute waren daher keine Seltenheit. Um einen von ihnen ranken sich viele Gerüchte und Überlegungen: Anton Wale, der Florentiner, um 1400 mit seiner schlesischen Frau Margarethe in Breslau, St. Albrechtsgasse lebend; ein tüchtiger Kaufmann, dessen Hauptinteresse der Schatzgewinnung galt: der Herstellung von Gold, entweder durch Schürfen oder auf alchimistischem Wege, dem Auffinden wertvoller Materialien und Metalle. Er gehörte dem Rat der Stadt Breslau an; bis heute ist nicht geklärt, ob die goldsuchenden Walen nach ihm benannt wurden, der den ältesten bekanntgewordenen Goldsucherführer des Riesengebirges verfaßte. Fünf Walenbücher insgesamt stammen aus seiner Feder. Sie beschreiben umständlich und mit gewollten Irreführungen die Lagerstätten.
Viele Bergkundige und Bergknappen wurden aus Italien in die Bergwerke des Riesengebirges geholt. Selbst das alte Münzgebäude zu Kuttenberg in Böhmen, wohin die Gold- und Silberfunde von der Südseite abgeliefert werden mußten, hieß »Welscher Hof«. Noch ein Blick sei in das Hermsdorfer Walenbuch getan, in dem es heißt: »...und wann du diesen Weg gehen willst, so ist niemahls Beszer da auf den heyl. Charfreitag...oder die ganze Woche bis auf den Sambstag zu Mittage. So gehe wieder davon, den auf denselben Abend besützet der Teuffel das guth wieder!«

Josephinenhütte in Schreiberhau

Verschiedene Forscher, die sich die Jahrhunderte hindurch mit den Walenberichten befaßten, kamen zu dem Schluß, daß sie eigentlich nur das Wissen der Schreiberhauer Glasmacher jener Zeit wiedergaben. Schließlich liegt die vermeintliche Edelsteinwiese in der näheren Umgebung der berühmten Josephinenhütte.
Aus dem großen Schatz der Natur erwuchs dort, wo einst die Walen ihre Zeichen anbrachten, das Glas. Kunstvoll geschliffen, ist jedes Stück ein Edelstein für sich. Das Glas gab den Menschen Arbeit und Brot, aber wie in der Sage mußten sie es sich verdienen und eine mühevolle Arbeit auf sich nehmen. Ohne eine Gegenleistung fallen die Schätze aus dem Innern der Erde bei der Abendburg niemandem zu. Die Berge werden sie noch lange hüten und bereithalten.

WAFFENSCHMIEDE UND BAROCKIDYLL

Das Bergstädtchen Schmiedeberg läßt sich leicht mit dem Auto vom 15 km entfernten Hirschberg aus erreichen. Am Wege durch die Vorgebirgslandschaft gibt es einige Sehens-

Buchwalder Schloß

würdigkeiten, denn es geht nach Lomnitz, Erdmannsdorf und Zillertal. Die Orte liegen eingebettet in eine romantische Teichlandschaft mit den Schlössern von Buchwald und Erdmannsdorf, und auch die Falkenberge sind nicht weit.
Schmiedeberg liegt 442 m hoch im Schatten der Schneekoppe und zieht sich lang in einem Talgrund der Eglitz hin. In Nieder Schmiedeberg lockt der Stadtpark in der Nähe des Schlosses Neuhof mit seinen schönen Teichanlagen noch immer viele Besucher an. Dort waren zu Zeiten der Leinenherstellung große Bleichewiesen, wo das rohfarbene Leinen in mühseligen Arbeitsgängen weiß gebleicht wurde. Der kleine Ort war bereits 1513 zur Stadt erhoben worden. In Schmiedebergs Vergangenheit stritten sich Könige um die Erzvorkommen, später brachte der Leinenhandel Wohlstand und erstaunlich viel barocke Kunst in die Stadt, die auch wegen ihrer »Smyrna-Teppiche« berühmt wurde. In Kleinasien hatten Schmiedeberger Teppichknüpfer diese Kunst erlernt. Noch heute erzeugt hier eine Fabrik »orientalische« Teppiche.
Das Städtchen an der Eglitz hat eine interessante Geschichte. Bereits im Jahre 1148 gab es dort über 200 Bergknappen. Hundert Jahre später machen die Schmiedeberger Bergknappen erneut von sich reden: 600 von ihnen haben in der Schlacht bei Liegnitz im Jahre 1241 ihr Leben gelassen. Sie kämpften an der Seite Herzog Heinrichs II. und der polnischen Herzöge gegen den Ansturm der Mongolenheere.
Rings um das Bergstädtchen Schmiedeberg fanden sich Gesteinsarten wie Augengneis, dunkelgrüner Serpentin, schwarze Hornblende und Chloritschiefer, in denen große Gänge von Magneteisenstein und Magnetkies eingelagert waren. Bei diesem Erzreichtum ist es nicht verwunderlich, wenn das Städtchen sehr bald zu einer historischen Waffenschmiede wurde. Von der Pfeilspitze bis zur Donnerbüchse entstand jegliches Kriegsgerät, daneben Geräte für den Landmann, wie Sensen, Sicheln, Messer und alles, was sich aus Eisen fertigen ließ.
Obwohl die Schmiedeberger heftigen Widerstand leisteten, mußten sie sich 1530 dem böhmischen König unterwerfen und ihm Waffen liefern. Es erging ihnen dabei genauso wie den Marschendorfer Nachbarn auf der anderen Seite des Gebirges, die aus ihren Eisenhämmern Prag mit Kanonenrohren zu versorgen hatten.
Dieser Zeit der Unterwerfung unter die Böhmische Krone folgten Religionsunruhen und religiöse Unterdrückung. In Schlesien wurden Gnadenkirchen und Bethäuser gebaut, wie sie fast in jedem Dorf des schlesischen Riesengebirges nachzuweisen sind. Sie lassen sich als Kirchen einfachster Bauweise beschreiben, ohne Turm und Glocken, die nur einem Zweck dienten: die bis dahin verbotene Glaubensausübung der Protestanten in der Gemeinschaft zu ermöglichen. Die Bauten erregten auch außerhalb Schlesiens großes Interesse, dem eine noch erhaltene Stichsammlung des Kupferstechers Friedrich Bernhard Werner zu verdanken ist, erschienen 1752 unter dem Titel: »Perspektivische Vorstellung derer von S. Königl. Majestät in Preußen dem Land Schlesien allergnädigst concedierten Bethäuser wie auch derer nach dem West-

phäl. Friedens-Schluß von Kayserl. M. M. allergnädigst verliehenen Ev. Luth. privilegierten Friedens- und sechs Gnadenkirchen 1748–1752 von einem unparteiischen Verehrer schlesischer Denkwürdigkeiten«.

Diesem unparteiischen Verehrer also hat die Nachwelt eine genaue Beschreibung der ungewöhnlichen Bauten zu verdanken, die der heutige Tourist noch hier und da in den Vorgebirgsdörfern der schlesischen Seite des Gebirges entdecken kann.

Mit dem Preußenkönig Friedrich II. begann für Schmiedeberg eine neue Epoche: Er erklärte es 1747 zur »Freien Bergstadt«. Schon ein Jahr später ist das Schmiedeberger Bethaus aus Holz errichtet worden, doch hat es noch 10 Jahre nach seiner Erbauung auf die Gleichstellung mit der vollberechtigten katholischen Pfarrkirche warten müssen. Das Bethaus war jedoch ein ansehnlicher Bau, so daß es der letzte schlesische Landeskonservator bis 1945, Herbert Grundmann, »eine Korrektur der Hirschberger Gnadenkirche« nennt. Auch in seiner üppigen Ausstattung hat diese als Vorbild gedient. Hier wie dort erhebt sich hinter dem Hauptaltar im Halbrund eine große Orgel, die ihn an Höhe übertrifft.

Gegen Ende des Jahrhunderts fließt in die barocke Üppigkeit der Leinenhandelsstadt, die Schmiedeberg inzwischen ist, etwas von der kühleren Strenge des Klassizismus ein. Der berühmte Karl Gotthard Langhans, am 15.12.1732 im benachbarten Landeshut geboren, wird zum Vorbild. Er ist einer der ersten klassizistischen Baumeister in Deutschland, das 1788–1791 erbaute Brandenburger Tor in Berlin gilt als eines seiner bekanntesten Werke.

Sein Einfluß auf das 1788 unter der Leitung von Baukondukteur Neumann errichtete Schmiedeberger Rathaus ist nicht von der Hand zu weisen. Es besitzt eine auffällige Ähnlichkeit mit dem Hirschberger Rathaus, doch wird dessen Strenge in Schmiedeberg durch einen geradezu festlich gestalteten Mittelteil gemildert. Die vielen in dieser Stadt erhaltenen schmiedeeisernen Gitter an Bauwerken weisen darauf hin, daß man sich hier ganz vortrefflich auf die Kunstschmiedearbeit verstand. Wer nach den älteren Kulturdokumenten Schmiedebergs sucht, findet diese in Turm und Dach der katholischen Pfarrkirche St. Marien. Mündlichen Überlieferungen zufolge soll sie auf eine kleine Kapelle zurückgehen, die 1225 von Schmiedeberger und Steinseiffener Bergknappen errichtet und 1312 zum heutigen Kirchenbau erweitert wurde. An der Außenwand des Turmes befindet sich eine aus dem 14. Jahrhundert stammende Skulptur Marias auf einem Walfisch, der Jonas im Maul trägt. Wer Schmiedeberg besucht, sollte nicht darauf verzichten, sich im oberen Ortsteil die barocke St.-Anna-Kapelle aus dem Jahre 1727 anzusehen. In dieser liebenswerten Barock-Idylle findet sich noch mancher verträumte Winkel.

RAUBRITTERNEST UND METROPOLE

Auf der Südseite des Gebirges, noch im Windschatten der Schneekoppe und des Riesengrundes, liegt Trautenau in 427 m Höhe an der Aupa, seit seiner Gründung einer der wichtigsten Verkehrsknotenpunkte des südlichen Riesenge-

Schneekoppenbild (1880)
mit Gummistempel auf Postkarte gedruckt

birges mit heute 25000 Einwohnern. Die ersten Erwähnungen gehen auf das Jahr 1260 zurück, bereits 1340 erhielt der Ort von König Johann von Luxemburg das Stadtrecht.
In der Textilherstellung spielte Trautenau eine wichtige Rolle. Bereits 1595 verbanden sich die Trautenauer Leineweber zur Zunft und trieben Handel mit aller Welt. Aber der Dreißigjährige Krieg schlug furchtbare Wunden, von denen sich die Trautenauer lange nicht erholten. 1642 brannten die Schweden die Stadt nieder; drei Jahre später noch einmal den Rest, so daß der heutige Besucher vergeblich nach mittelalterlichen Bauten Ausschau hält.
Auch vom Spanischen Erbfolgekrieg blieb Trautenau nicht verschont; Soldaten jeglicher Herkunft marschierten durch den Ort. Die wenigen Jahre der Ruhe danach waren vorbei, als die Schlesischen Kriege erneut Unheil brachten. Wieder war es die leidgeprüfte Bevölkerung aus Trautenau und Umgebung, die die Last der Auseinandersetzungen zu tragen hatte; nicht selten war der Schreckensruf zu hören: »Hilfe, die Preußen kommen!« Sie kamen über die Pässe, sogar Kosaken waren dabei, die fürchterlich wüteten. 8000 von ihnen bezogen vor Trautenau Lager und verlangten Verpflegung und Geld: 2000 Goldstücke, sonst würden sie die Stadt mit Feuer und Schwert richten. Das Geld brachte man, die Stadt war gerettet; aber die Kosaken hatten die Stadtbücher mitgenommen. Denn beim Blättern in den unscheinbaren Büchern waren einem von ihnen Dukaten entgegengefallen! Die klugen Ratsherren hatten ihr Geld auf diese Weise retten wollen...
Ein Denkmal erinnert an den Bauernaufruhr im Jahre 1775, der niedergeschlagen wurde. In den Napoleonischen Kriegen hatte Trautenau erneut zu leiden. 1816 vernichtete eine Feuersbrunst die Stadt. So ist bald nicht mehr zu zählen, wie oft sie wieder aufgebaut werden mußte.
Wer sich die Stadt ansehen möchte, findet einige Sehenswürdigkeiten verhältnismäßig dicht beieinander. Der Marktplatz mit seinen schönen Patrizierhäusern und den Laubengängen ringsum lädt zum Verweilen ein. Hier fehlt auch Rübezahl nicht. Er thront in der Mitte des Platzes auf einem Brunnen, was sonst in Böhmen und Schlesien dem »Gabeljergen« vorbehalten ist. Der Brunnen stammt aus dem Jahr 1892 und ist ein Werk des Bildhauers Pöninger.
Dem Besucher begegnet die bewegte Geschichte Trautenaus auf Schritt und Tritt. So erinnert bei einem Ausflug auf den Gabelsberg, von dem man eine schöne Aussicht auf die Stadt genießt, der Obelisk aus dem Jahre 1868 an den Sieg der österreichischen Dragoner des Fürsten Windischgrätz über die Preußen. In diesen Gefechten spielt sogar die gute alte Schneekoppe eine Rolle. Aus dem Bayerischen Erbfolgekrieg 1778/79 ist folgende Episode überliefert: Es hatte sich herumgesprochen, daß man von der Schneekoppe aus die preußische und die österreichische Armee gut übersehen könne, zumal die Soldaten Lagerfeuer anzündeten. Viele Neugierige, allen voran die Hirschberger, stiegen deshalb hinauf. Da es da oben recht kalt war, erwärmten sie sich ebenfalls an einem Feuer. Daraufhin erschienen österreichische Husaren und jagten die Neugierigen ins Tal. Das wiederum erfuhr ein preußischer Unteroffizier, stieg von Arnsdorf her auf die Koppe und griff mit Gleichgesinnten die Husaren an – wobei ein Gefangener gemacht wurde!
Obwohl die Bevölkerung wieder zu leiden hatte, nahm diesen Krieg niemand so ganz für voll. Im Riesengebirge sprach man nur vom »Zwetschgenrummel«, vom »Preußenrummel« oder vom »Kartoffelkrieg«, weil sich preußische Soldaten im Quartier hauptsächlich um Kartoffeln gestritten haben sollen...
Wie in Trautenaus Stadtgeschichte zu lesen ist, war in der Au, dem Flußtal an der Aupa, um 1200 ein christliches Hospiz erbaut und nur siebzehn Jahre später dem »Hospitalorden der Kreuzherren vom Grabe Christi« übereignet worden. Dieses Hospiz sollte den ins Land gerufenen Siedlern, die nach dem Vorbild des benachbarten Schlesien die Wälder roden und Siedlungen anlegen wollten, ein behütender Mittelpunkt

sein. Der böhmische König Ottokar II. ließ hier am alten Grenzsteig Deutsche ansiedeln, denen er einiges an Rechten zubilligte. Für Fürsten und Klöster waren die Einkünfte der deutschen Siedler, die ihren »Zehnten« fristgemäß abzuliefern hatten, eine erwünschte Einnahmequelle. Das Hospital in der Au wurde sehr bald um ein Stift erweitert. Beides brannte 1313 nieder, nach dem Wiederaufbau vernichteten es 1424 die Hussiten erneut. Damit war die Entwicklung des Klosters und der Stadt vorerst beendet; es dauerte lange, bis sich beide erholten.

Wegen seiner Lage an einem der wichtigsten Handelswege wurde Trautenau von den verschiedensten Herrschern begehrt. Bereits im 11. Jahrhundert verstand man sich vortrefflich auf Wegzölle. So entstanden am Aupafluß in der Gegend des heutigen Trautenau Befestigungen, deren Wächter von ihren Schutzburgen aus – wie Bolkenstein und Rechenburg bei Gabersdorf – mit Steinschleudern die Handelsstraße von Schlesien nach Böhmen verteidigten. Es war die große Zeit der berüchtigten Raubritter, die auf das kostbare Gut der Handelskarawanen aus waren. Selbst die späteren Pfandinhaber von Schatzlar und Trautenau, die »Schumburge«, verlegten sich auf das Raubritterhandwerk. Es wurde ihnen unter König Karl IV. gelegt, der Schloß Trautenau als Raubburg bezeichnet hatte.

Immer wieder gab es Zerstörungen durch Kriege, Dezimierung der Bevölkerung durch Hunger und Pest. Es ist kaum nachzuvollziehen, wie schwer die Zeiten waren, als die Grundherren, die »Besitzer von Trautenau«, deren Bürger ausbeuten durften. Von 1334 bis 1599 war die Stadt Leibgedingstadt der böhmischen Königinnen.

Bedrückend wurde die Lage für Trautenau, als der ehrgeizige und hartherzige Christoph von Gendorf die Stadt erwarb. Am Tage seines Herrschaftsbeginns ließ er alle Bürger in der Au versammeln, um seine neuen Untertanen zu besichtigen und zu zählen. 146 Hausbesitzer kamen zusammen, dazu 98 Menschen, die vor den Toren der Stadt wohnten.

Riesenbaude auf der böhmischen Seite (abgerissen)

Zu dieser Zeit lebte Trautenaus schillerndste Persönlichkeit: Simon Hüttel, der als Chronist und durch seine topographischen Forschungen bis weit in unsere Zeit hineinwirkt. Als einer der ersten Trautenauer soll er sich geweigert haben, dem neuen und gewalttätigen »Pfandbesitzer« der Stadt, von Gendorf, kniend den Huldigungseid zu schwören. Simon Hüttel beugte sich nicht, und viele taten es ihm gleich.

Der Gerechtigkeit halber muß erwähnt werden, daß die eiserne Knute, unter der die Stadt litt, ihr auch Gutes brachte. Gendorf ließ Wasserleitungen anlegen, selbst wenn er dafür seine Untertanen unbarmherzig schröpfte, bemüht, sich durch Fortschrittlichkeit ein Denkmal zu setzen.

Das gelang dem Chronisten Simon Hüttel auf ganz andere Weise. In seinem Wesen vereinigten sich alle Gaben, die so oft in den Menschen des Riesengebirges anzutreffen sind, geformt und beseelt von dieser ungewöhnlichen Landschaft. Hüttel hat seine Vaterstadt über alles geliebt und diente ihr zeit seines Lebens. Ob er malte oder schrieb, ob er topographische Messungen durchführte oder gar die Schneekoppe bestieg, ob er als erster bei einer Feuersbrunst oder einem

Ältestes Bild Rübezahls (Martin Helwigs Karte, 1561)

Hochwasser helfend eingriff – nichts war ohne Simon Hüttel denkbar. Mit seiner jungen Frau, der schönen Sabina, fehlte er auf keinem Fest, ja, er mischte sich sogar unter die Komödianten.
Pfarrherren ließen ihn Kirchenbücher einsehen, denn Hüttel war des Lesens und Schreibens kundig. Er konnte daher für die Nachwelt alle wichtigen Stationen der Stadtentwicklung Trautenaus festhalten.
Als Broterwerb übte er das Malerhandwerk aus, ein Leben lang stand er zwischen dem Handwerker- und dem Künstlerberuf. Er schmückte mit großem Geschick die Hausgiebel seiner Mitbürger mit gereimten Sprüchen, hinterließ auch eine künstlerische Spur in der Stadtkirche. Er verzierte Chor und Predigtstuhl, malte Epitaphien, Erinnerungsmäler mit Inschrift und der Darstellung der Verstorbenen. Auch sein eigenes fehlte nicht.
Als 1554 die Nachricht vom Tode Kaiser Ferdinand I. eintraf, bemalte er die Pfeiler der Kirche schwarz-weiß, mit kaiserlichem Wappen und der Jahreszahl darauf. Für die gleiche Kirche schuf er im Auftrag des Trautenauer Rates eine neue Darstellung des Passionsgeschehens.
In seinen Aufzeichnungen hielt Hüttel fest, daß er am 7. August 1577 auf den Riesenberg (die Schneekoppe) zu »öberst hinaufspazieret« sei. Dabei gebrauchte er erstmals das Wort »Hrisengepirge«. In der 1578 begonnenen Trautenauer Chronik wird bemerkt, Hüttel sei als »Grenitzenbeschreiber« (Grenzbeschreiber) und Protokollführer wegen seiner hervorragenden Lokalkenntnisse, der Gewandtheit mit der Feder und der Feldmeßkunst sehr begehrt gewesen.
In der Folgezeit hat Trautenau noch einige herausragende Persönlichkeiten hervorgebracht. Zu ihnen gehört der Dichter Uffo Horn, 1817 geboren, der in die Wirren von 1848 hineinwuchs. Er besuchte das Gymnasium in Prag und studierte in Wien. Als Dichter war er bekannt, bei Deutschen und Tschechen gleichermaßen beliebt. Wie viele seiner Zeitgenossen gab er seinen Werken einen vaterländischen Anstrich. Er schuf Lieder, Gedichte, sogar Dramen. Das Drama »Ottokar« hat man als Horns »Wallenstein« bezeichnet.
Der kürzlich verstorbene Dichter Josef Mühlberger, 1903 in Trautenau geboren, war einer der Stillen im Lande, geformt von der Bergwelt vor den Toren seiner Vaterstadt. Obwohl er sich keinem Thema verschloß, das sich dichterisch gestalten ließ, auch politische Fragestellungen nicht ausklammerte, hinterließ er eine Fülle von Riesengebirgsdichtungen, in denen sich die Heimat hundertfach widerspiegelt. Griechenland zog ihn magisch an, den Hohenstaufen widmete er sein Interesse, aber sein Werk ist geprägt von der Liebe zum Lande mit seinen zwei Nationalitäten und Sprachen, was sich auch in seinem Geschichtswerk »Zwei Völker in Böhmen« ausdrückt. Als Sohn eines deutschen Vaters und einer tschechischen Mutter ging eben diese »Grenze mitten durch's Herz« (Bruno Brehm). Seine Heimatliebe zum Riesengebirge jedoch vermag nichts deutlicher auszudrücken als der Erzählband »Ich wollt, daß ich daheime wär«.
Wer nicht in einem Grenzland lebt, kann bei Josef Mühlberger erfahren, daß ein so schweres Leben, hin- und hergerissen zwischen Zweifeln und Verwirrungen, auch die Chance zur Menschlichkeit bieten kann. Denn Mühlberger bekannte: »Meine Jugend verlief nicht nur äußerlich an der Grenze

zweier Völker, was mein Herz nicht in Haß verengte, sondern durch Vielfalt bereicherte, das Ohr schärfte, den Blick weitete und das Gemeinsame hinter dem Trennenden suchen ließ.«

KÜNSTLER MIT DEM WEBERSCHIFFCHEN

Wer das Gebirge zu beiden Seiten des Hauptkammes durchstreift, entdeckt noch gelegentlich in einem Talgrund oder an einen Berg gelehnt alte Weberhäusel. Die wiederentdeckte Romantik täuscht: Unter diesen Dächern hielt der Hunger seine reiche Ernte.

Allen Webern in der schlesisch-böhmischen Grenzlandschaft hat der große Gerhart Hauptmann mit seinem Drama »De Waber« in Gebirgsmundart (erschienen 1892) ein Denkmal gesetzt. Das berühmte Weberlied vom »Blutgericht« zeichnet ein düsteres Bild der damaligen Situation:

»Hier im Ort ist ein Gericht,
noch schlimmer als die Vehmen,
wo man nicht erst das Urteil spricht:
das Leben schnell zu nehmen.

Hier wird der Mensch langsam gequält,
hier ist die Folterkammer,
hier werden Seufzer viel gezählt
als Zeugen von dem Jammer.«

Im ausgehenden Mittelalter finden sich die ersten urkundlichen Spuren der Flachsgarnspinnerei in Trautenau auf der Südseite des Gebirges. Das Auftauchen dieses Wirtschaftszweiges fällt zeitlich mit der völligen Einstellung des Erzbergbaues zusammen. Das gilt auch für Schmiedeberg im östlichen Teil und für Hirschberg auf der Nordseite. Die Leinenherstellung nahm ihren Anfang.

Trautenau erlebte einen verhältnismäßig frühen Aufschwung, der im 14. Jahrhundert durch den Einfall der Hussiten wieder zum Erliegen kam. Das gleiche geschah später nach kurzer Erholung noch einmal, als der Dreißigjährige Krieg seine Spuren zurückließ.

1593 wird aus Hirschberg, dem schlesischen Gegenstück zu Trautenau, berichtet, der Haupterwerb der Stadt sei die Tuchmacherei und etwas Leineweberei, und die Frauenzimmer wirkten Borten. Im gleichen Jahrhundert begann dort die Schleierweberei, die die katholischen Bürger der Stadt für sich beanspruchten. Sie erwirkten von Kaiser Ferdinand III. in Wien den Erlaß: »... daß weder jetzt noch künftig niemand außer den wirklichen catholischen Bürgern und Inwohnern von Hirschberg einiges Schleiertuch zu verführen und zu verkaufen befugt sei ...« Trotz dieses Privilegs vom 26. April 1631 breitete sich der Schleierhandel in anderen Städten und Orten des Gebirges aus.

Das wertvolle Schleierleinen fand Eingang in die Festtagstrachten der Frauen. Bis heute sind mehr dieser alten Stücke aus dem hauchdünnen Material mit reicher Stickerei aus Handtüll und Nähspitzen – »Hirschberger Stickerei« genannt – erhalten geblieben, als man zunächst annehmen konnte. Neu von Südwestdeutschland aus belebt, ist diese alte schlesische Volkskunst heute eine der seltensten und kostbarsten in Europa.

Die Zeit der Schlesischen Kriege brachte für die Flachsbear-

Schlesische Nadelspitze. Hirschberg, 1920

beiter, Spinner und Weber auf der böhmischen Seite einen Niedergang der gesamten Leinenindustrie. Um diese wieder zu beleben und den Menschen einen Lebensunterhalt zu bieten, kam im Jahre 1769 ein Herr Mittelholzer aus St. Gallen in der Schweiz nach Hohenelbe und stellte dort mehrere eigenartig aussehende Webstühle auf, richtete noch eine Spinn- und Webschule ein und ließ von den ansässigen Webern schleierartige Stoffe, die später gefärbt wurden, herstellen. Diese Ware wurde überwiegend nach St. Gallen ausgeführt. Doch war die Konkurrenz zu dieser Zeit am Weltmarkt groß, und trotz aller Bemühungen waren die Hungersnot und das Sterben nicht aufzuhalten. Oft ernährten sich die Weber von der stinkenden, gekochten Stärke, mit der die Leinwand behandelt wurde. In dieser Lage versuchte man, die von Friedrich dem Großen in Schlesien eingeführte Kartoffel ins Böhmische zu bringen, um des Hungers Herr zu

Hirschberger Friedensdecke

werden; doch sie konnte sich bei der Bevölkerung erst zehn Jahre später durchsetzen.
Im nahen Witkowitz, das wegen seines schönen Kirchleins einen Besuch lohnt, wurde eine erste Jacquard-Weberei eingerichtet. Manche noch erhaltene Bettdecke oder manche alte »Ziche«, wie der Bezug genannt wird, mag aus dem Witkowitz dieser Zeit stammen.
Nachdem Schlesien nach den Schlesischen Kriegen an Preußen gefallen war, kümmerte sich Friedrich der Große oft selbst um die arme Gebirgsbevölkerung im Hirschberger Tal. Es ist die Zeit der »Friedensdecken«, die von dort kommen und heute ein künstlerisch hochwertiges Zeitdokument darstellen. Die Friedensdecken aus Damast wurden von den dortigen Webern wie Wandbilder mit Städteansichten gestaltet. Sie wollten damit gegenüber Friedrich dem Großen ihren Dank für die Befreiung von religiöser Unterdrückung sichtbaren Ausdruck geben. Eine dieser Friedensdecken befindet sich im Privatbesitz der Nachkommen des Kupferstechers Rudolf Hacke. Sie ist etwa 1,50 m x 1,80 m groß, aus weißrosa Seidendamast gewebt und zeigt inmitten von Zierborten eine Stadtansicht von Hirschberg aus dem 16. Jahrhundert, die einem alten Stadtplan gleichkommt, einschließlich der Angaben von Straßen- und Brückennamen. Die Vielseitigkeit der Weber ist erstaunlich, die in ihre »Webe« ebensoviel Kunstfertigkeit wie Schönheitssinn einfließen ließen. Diese Begabung im Gestalten findet sich überall in dieser Landschaft. Sie hat eine Reihe von Künstlern hervorgebracht und wirkt als Wurzelgrund noch bis in unsere Tage.
Zu Zeiten des Preußenkönigs fand der »Hirschberger Damastkrieg« statt, in den der König selbst und die vornehmen Schleierherren verwickelt waren. Denn Friedrich, der sich um seine Untertanen sorgte, wollte die Leinenindustrie weiterentwickeln und hatte dabei manch ehrgeizigen Plan. Jedenfalls schickte er 1745 sächsische Damastweber ins Gebirge und ließ sie Damastwebereien einrichten, von denen die in Seidorf bis zur Vertreibung in Betrieb war. Es lag nicht

an den Webern, die sehr bald mit viel Geschick seidenschimmernde Damaste webten – die Unternehmer wurden ihre Ware nicht los, die Not linderte sich nicht, obwohl staatliche Zuschüsse in die Damastwebereien flossen.
Deshalb stand die Hirschberger Kaufmannschaft gegen den König auf und erklärte dem Verdutzten, das kaufmännische Geschäft könne nicht wie das Militär zu seinem Tun und Lassen kommandiert werden, sondern müsse sich nach eigenem und bestem Dafürhalten richten. Trotz des jahrelang geführten Damastkrieges zwischen König und Untertanen erlangte der Seidorfer Damastweber Matzke Berühmtheit mit feinsten Tafeldecken und Wäsche, in die nicht selten Riesengebirgsansichten eingewebt waren, die er selbst entworfen hatte. Mit ihnen wurde die Tradition der Friedensdecken fortgesetzt. Daneben entstanden auch farbige Damastgewebe aus reiner Seide auf Seidorfer Webstühlen. Deshalb hielten nach der Lockerung der Kleiderordnungen kostbare Seidendamaste in die Festtagstrachten der Frauen Einzug, zunächst in die Bürgertrachten von Hirschberg und Schmiedeberg; später erscheinen sie auch in verhältnismäßig armen Gegenden. So haben sie sich auch in der Fremde erhalten.
Mit den schlesischen Leinewebern sind der Blaudruckfärber und der Blaudrucker eng verbunden. Neben der Arbeitskleidung waren kunstvolle Tischdecken sehr beliebt, von denen sich einige in Museen entdecken lassen. Etwas wird man allerdings nicht mehr finden: eine »Pieterschkaule«, wie sie der Radierer Erich Fuchs aus Hain schildert, der das Leben der Weber in einer Vielzahl von Bildern festgehalten hat. Sie hing links vom Webstuhl herab, wenn es die Weberin wagte, von der Kette etwas Garn »abzuzweigen« in der Hoffnung, daß es mit der Zeit wenigstens für ein Kleidungsstück fürs Kind reichen würde.
Baumwolle verdrängte inzwischen das Leinen, die großen mechanischen Webereien verdrängten die Flachsbereiter, die Spinnerinnen und die Hausweber. All diese Not mündete in den Langenbielauer Weberaufstand von 1843, der das Riesengebirge miterfaßte, wenn auch bei vielen Webern die Kraft nicht mehr ausreichte, sich zu wehren. Trotz aller Bedrängnis kamen die meisten nicht los von ihren Webstühlen. Es hieß deshalb:

»Wer kommt als Weber auf die Welt,
bleibt auf dem Webstuhl, bis er runterfällt;
so lobt er aller guten Gaben Geber
und lebt und darbt und stirbt als Weber.«

SCHLESISCHE KOSTBARKEITEN

Hauchfeines Schleierleinen und die kunstvolle Nadelspitze haben Hirschberg weit über die Grenzen des Landes hinaus bekannt gemacht. Außerdem nimmt Hirschberg als Barockstadt in dem an Barock so reichen Schlesien eine Sonderstellung ein. Hier ist alles gemäßigter, verhaltener, der barocke Zierat an Bauten oder bei Innenausstattungen wirkt weniger überquellend, will man mit Breslau, Grüssau oder Neiße vergleichen. Günther Grundmann, letzter schlesischer Denkmalspfleger bis 1945, stammt aus einer alten Hirschberger Familie und wies auf die erstaunlichen Unterschiede hin.
Um den Ursprung der Entwicklung Hirschbergs zu einer protestantischen Barockstadt zu finden, muß man bis auf die religiöse Unterdrückung durch die Habsburger zurückgehen: das war die Zeit der Buschprediger, die sich mit ihren Glaubensgenossen tief in die Wälder des Riesengebirges zurückzogen, um dort unentdeckt ihren Glauben auszuüben. Schließlich wurde den Verfolgten in ihrer Not Hilfe zuteil durch den schwedischen König Karl XII. Er hatte öffentlich auf die verletzten, nach dem Westfälischen Frieden zugesicherten Rechte der dortigen Protestanten hingewiesen und deren Wiederherstellung gefordert. Zwar setzte er nicht durch, daß den »Evangelischen Augsburger Konfession« unter der Herrschaft katholischer Stände Schlesiens gänzlich freie Religionsausübung zugestanden wurde, er erwirkte

jedoch Gewissensfreiheit und bürgerliche Gleichberechtigung für die unterdrückten Protestanten des Riesengebirges. Der Vertrag wurde 1707 unterzeichnet; er bedeutete einen diplomatischen Sieg des Schwedenkönigs.
Vor diesem Hintergrund erscheint heute der Bau der Hirschberger Gnadenkirche 1709 nach dem Vorbild der Katharinenkirche zu Stockholm nur als folgerichtig. Aber nicht allein deshalb entwickelte sich Hirschberg zu einer protestantischen Barockstadt: Damals wetteiferten Katholiken und Protestanten miteinander, ihre Kirchen mit reicher Barockkunst zu schmücken und das Stadtbild entsprechend zu gestalten. Die protestantische Kunstauffassung gewann die Oberhand, weil Martin Frantz, der sonst in Liegnitz ansässige »schwedische« Baumeister, die Gnadenkirche erbaute; seinen Beinamen verdankte er häufigen Aufenthalten im damals schwedischen Reval. Mit ihm wirkten die Künstler Willmann aus Königsberg und Weißfeld aus Oslo, so daß bei diesem Dreigestirn wie von selbst nordische Kühle in die späten Barockbauten Hirschbergs einfloß.
Auch das Schleierleinen, das die Stadt in jener Zeit berühmt und auch wohlhabend machte, hat etwas damit zu tun. Schon seit Ende des 16. Jahrhunderts war es Grundlage des Erwerbslebens, nachdem es der Hirschberger Schuster Gyrnth, der auf der Wanderschaft in Holland in das Geheimnis seiner Herstellung eingeweiht worden war, eingeführt hatte. Nach der Rückkehr vertauschte er Schusterkugel, Pfriem und Ahle mit einem selbstgebauten Webstuhl, an dem seine Schwester und andere Hirschbergerinnen die feine Kunst erlernten.
Dies führte zu einem großen wirtschaftlichen Aufschwung für die Bürgerschaft, der allerdings durch den Dreißigjährigen Krieg jäh zerstört wurde. Viele Weber wanderten ab. In ihrer Not wandten sich die Stadtväter an Kaiser Ferdinand III. in Wien, der für seine Religionsverfolgungen bekannt war. Von ihm erhielt Hirschberg ein Privileg, das im königlichen Staatsarchiv zu Breslau aufbewahrt wurde: »... so haben wir gedachter Städt Hirschberg und ihren Nachkommen dieses Privilegium und Begnadigung dergestalt hiermit bestätiget und zugelassen: daß weder jetzt noch künftig niemand, außer den wirklichen und Catholischen Bürgern und Inwohnern zu Hirschberg einiges Schleiertuch zu verführen und zu verkaufen...«
Das Schleierleinen hatte nach dem Willen Ferdinands katholisch zu sein. Kein Wunder, daß ein Jahrhundert später die Hirschberger dem Preußenkönig huldigten, weil er sie von religiösen Verfolgungen und dem katholischen Schleierleinen befreite.
Die Religionsstreitigkeiten in dieser schönen alten Stadt haben offenbar dem begehrten Schleierleinen mehr geschadet als die Hochwasser des Bobers und des Zackens, wenn sie in der Nähe des Hausberges die Bleichewiesen überschwemmten und die »kunstvolle Webe« mit sich fortführten.
Auf die Ausgestaltung der Gnadenkirche übten die Schleierherren, so nannte man die Leinenkaufleute, starken Einfluß aus. Mit erlesenem Kunstsinn ausgezeichnet, übertrafen sie sich gegenseitig durch hochherzige Schenkungen von Kunstwerken, mit denen sie »ihre« Kirche schmückten, um die alte katholische Kirche darin zu übertrumpfen. Bei diesem konfessionellen Kunstwettstreit darf es nicht verwundern, daß eine der schönsten schlesischen Mariensäulen, 1712 errichtet, bis heute vor Hirschbergs katholischer Stadtpfarrkirche steht. Sie ist eine Stiftung des bischöflichen Kommissarius Caffart aus Breslau und wird ebenfalls Thomas Weißfeld aus Oslo zugeschrieben.
Einmalig waren die Grabkapellen auf dem Friedhof der Gnadenkirche, die den wohlhabenden Schleierherren und ihren Familien als Begräbnisstätten dienten, jede ein barockes Kunstdenkmal, das eher einem kleinen Gartenschlößchen als einer Gruft ähnelte. Dieser persönliche Aufwand der evangelischen Leinenkaufleute forderte sogar den Unmut des preußisch-strengen und enthaltsamen Königs heraus – vor dem sich allerdings die Schleierherren wenig fürchteten.

Die Nachwelt hat ihnen außerordentliche Kunstdenkmäler zu verdanken, nicht zuletzt das protestantisch-barocke Kleinod Hirschberg. Manches davon ist bei einem Gang durch die Stadt noch zu finden. Da jedoch die meisten dieser seltenen Kulturzeugnisse, wie die Grabkapellen bei der Gnadenkirche, heute verfallen und ausgeplündert sind, fällt es schwer, sich die einstige Pracht vorzustellen. Um so mehr wird es den Besucher erfreuen, auf der Nordseite des Marktes, in der Zeile der früheren Tuchmacherlaube, das hohe schmale Haus »Zum Goldenen Schwert« zu entdecken, das alle Nachbarhäuser überragt: Es darf sich der zierlichsten und schönsten Rokokofassade Schlesiens rühmen. Wer einen Blick in das Treppenhaus mit seinen Rundbögen, Balustraden und dekorativen Schnitzereien werfen kann, wird sich glücklich schätzen. Dieses prachtvolle Haus entstand 1755, also bereits unter preußischer Oberhoheit.
Während man mit dem Bau der Grabkapellen – so jene der Familie Glafey – 1716 begann, setzte die Barockisierung der Fassaden der Häuser am Markt und in den angrenzenden Straßen 1733 ein. Sie zeigen den spätbarocken, charakteristischen Ohrmuschelstil, weisen aber verschiedentlich schon ins Rokoko, wofür die Wappenkartuschen auf den Pfeilern des Schildauer Tores sprechen. Zur Zeit, als die Erbbegräbnisse des Königs Zorn erregten, enstanden kleine katholische Kirchen, die vom »Heiligen Geist« und die »Marienkirche« von 1727.
Damals barockisierte man auch die katholische Stadtpfarrkirche, äußerlich das einzige noch erhaltene Zeugnis mittelalterlicher Baukunst. Sie ist anstelle der 1108 errichteten Holzkirche erbaut worden, nachdem diese 200 Jahre später einem Brand zum Opfer gefallen war. Kein Geringerer als der Gatte der hl. Hedwig, Herzog Heinrich I., ließ durch seinen Vormund, Herzog Bernhard von Schweidnitz, die heutige massive Kirche erbauen. Sie wurde den Heiligen Erasmus und Pancratius geweiht und hat alle Stürme überdauert.
In der ehemals protestantischen Gnadenkirche werden heute auch katholische Gottesdienste abgehalten. Protestanten

Hirschberger Stickerei (um 1850)

jedoch, die ihren Glauben ausüben, haben es derzeit in Hirschberg und in Schlesien nicht leicht.
Hirschberg ist eine spätmittelalterliche Stadtgründung von 1182. Verheerende Brände, Kriege, Pest und Hungersnöte haben die Stadt immer wieder zerstört und die Bevölkerung dezimiert. Früher gab es noch ein Stück der alten Befestigungsmauer zwischen der Priesterstraße und dem Hirschgraben; sie ist der neuesten Stadtsanierung vor Jahren zum Opfer gefallen. Es entstand ein wenig schöner, ungepflegter Platz, auf dem Reisebusse parken dürfen, vor den Hinterfronten der teilweise abgetragenen Markthäuser. Von dort aus bietet sich das heutige Hirschberg am unvorteilhaftesten dar. Lediglich der trutzige Basteiturm mit einer Fachwerkfront in Richtung Unterer Promenade und der Burgturm zur früheren Äußeren Burgstraße sind geblieben.
Bedauerlicherweise sind die Restaurierungsarbeiten in Hirschbergs Neuzeit nicht mit allzu großer Sachkenntnis ausgeführt worden. Die meisten der vorher so herrlichen Fassaden der Markthäuser sind zu glatt geraten und zum Teil ihres individuellen Schmuckes beraubt. Dadurch wirkt auf Kenner das einst barocke Kleinod heute machmal eher dürftig und verfremdet, auch wenn der Markt mit seinen Laubengängen sauber und ansprechend gestaltet wurde. Die heutigen Laubengänge erinnern an die Städte südlich der Alpen. Wer das alte Gesicht der Stadt gekannt hat, wird das Fehlen verschiedener Kunstdenkmäler bedauern; wer hingegen zum

Hirschberger Stickerei (heute)

ersten Mal dorthin kommt, mag den Stadtkern sehr ansprechend finden und wird darüber hinaus einer Stadt begegnen, die als Mittelpunkt des Tourismus gelten kann.

Im Riesengebirgsmuseum in der Nähe des Kavalierberges kann der Besucher neben viel Glas auch alte Handarbeiten entdecken, die wir als »Hirschberger Stickerei« kennen. Sie wurde zumeist in den Familien, die ihre eigenen alten Muster weitergaben, angefertigt: eine Weißstickerei, als einzige in Deutschland mit geschnittenem Durchbruch, der mit Tüllstich und Nähspitzenmustern gefüllt wird. Sie ziert die Trachten der Riesengebirglerinnen von der schlesischen Seite und greift geographisch weiter hinein nach ganz Niederschlesien bis hin zu Lausitz und dem Bereich der Herrnhuter Brüder.

Unser Bild zeigt ein altes Muster, entstanden um 1850 oder früher, mit Symbolen, die in der schlesischen Volkskunst typisch sind: die Sonnrose, die Tulpe, Weinranken (die Traube ist hier nicht mehr zu sehen), der Korb als Gefäß für das Lebenswasser. Ein Muster, das 125 Jahre später gestickt wurde, verwendet bei gleicher Stichtechnik Familienmuster und Symbole: die geschlossene Tulpe, eine Fruchthülle mit Kleeblättern, Sonnrosen in verschiedener Form und Medaillons.

Heute sind weder Leinenbatist oder gar Schleierleinen für den Grund noch die für den feinen Tüll- und Spitzenstich nötigen hauchfeinen Leinengarne zu bekommen, was die Arbeit sehr erschwert.

Von einer Kostbarkeit sei noch die Rede: von schlesischer Nadelspitze, die den Vergleich mit französischer oder belgischer nicht scheuen muß. Nadelspitze, das ist jene Technik, bei der nur mit Hilfe von Nähnadel und Leinenzwirn die kunstvollsten Spitzengebilde entstehen. Sie wird als Königin der weiblichen Handarbeiten bezeichnet und hat nichts gemein mit Klöppelspitzen, mit Filetarbeiten und Ähnlichem.

Ihre Geschichte ist eng verknüpft mit der schwierigen Lage der Riesengebirgsweber um 1840, als das Riesengebirge zum Notstandsgebiet erklärt wurde. Um der Not abzuhelfen, beauftragte die preußische Regierung einen Berliner Geschäftsmann namens Wechselmann, aus Frankreich und Belgien Spitzennäherinnen ins Land zu holen, um die Weberfrauen diese Kunst zu lehren. Frauen aus dem Kreis Hirschberg und dem benachbarten Löwenberg wurden, staatlich gefördert, im Anfertigen von Nadelspitzen unterrichtet; die ersten schlesischen Spitzenlehrerinnen waren die Schwestern Marie Hoppe und Berta Weinhold aus Schmiedeberg. Sie eröffneten 1880 in Schmiedeberg eine Spitzenschule, eine weitere in Hirschberg.

Bald waren schlesische Spitzen begehrt, die Spitzennäherinnen fanden eine große Gönnerin in der Kaiserin, die in Hirschbergs Spitzenschule Hoppe-Siegert den Brautschleier ihrer Tochter Prinzessin Sophie von Preußen, Kronprinzessin von Griechenland, herstellen ließ. Da die Hirschberger Spitzenschulen das deutsche Kaiserhaus belieferten, das auch

viele Aufträge an befreundete Fürstenhäuser vermittelte, befinden sich schlesische Nadelspitzen heute in Sammlungen des Hauses Oranien und des Hauses Dänemark, nur einige wenige Stücke in deutschen Museen oder Sammlungen.
Das hier abgebildete Stück Hirschberger Spitze gehört einem Sammler in Freiburg im Breisgau. Dem Muster nach stammt es vermutlich aus den zwanziger Jahren, doch ob es der Spitzenschule der Fürstin von Pless oder jener der Frau Hoppe-Siegert zuzuordnen ist, konnte nicht geklärt werden. Diese war eine große Künstlerin. Ihre Spitzen, lauter eigene Entwürfe, erhielten auf Weltausstellungen in Brüssel und Chikago hohe Auszeichnungen. Ihr wurde sogar das Prädikat einer Königlichen Hoflieferantin zuerkannt.
In der Blütezeit der schlesischen Nadelspitze um die Jahrhundertwende arbeiteten rund 120 Spitzennäherinnen in Heimarbeit für die Spitzenschulen. Als echte Spitzen nicht mehr so begehrt waren, nahm die Zahl der Heimarbeiterinnen immer mehr ab.

Hirschberg unter dem Preußenaar

Nach diesem Rundgang durch die bewegte Geschichte der Stadt mit ihren Schleierherren und Spitzenkünstlerinnen wollen wir uns mit Konrad Werner aus Hirschberg vom »Tor zum Riesengebirge« verabschieden:

UNVERGESSEN

Die Laubenbögen vom Markte
wölben sich durch meinen Traum.
In das Auge des Brunnens schaut
winddurchwühlt der Ahornbaum.

Und in den winkligen Straßen
lehnt sich angstvoll Haus an Haus.
Zeit löscht auf dem zertretenen Pflaster
meine Spur nicht aus.

Ein Lachen irrt durch die Wälder
felsabwärts zur Sattlerschlucht,
wo es in treibenden Wassern
vergeblich das Gestern sucht.

Aus dunklen Wälderwogen
erhebt sich im wechselnden Licht
der Riesenberge uraltes,
mir immer nahes Gesicht.

WASSER – SEGEN UND FLUCH

Von großer Poesie und Anmut sind die kristallklaren Bergwasser, wenn sie kaskadenartig in vielen kleinen Stufen talwärts eilen. Bilder voller Romantik und Schönheit, die darüber hinwegtäuschen, daß da, wo nicht natürliche Felsbarrieren den stürmischen Lauf des Flusses bremsen, der Mensch mit Staustufen regulierend eingreifen mußte. Jährlich bei Schneeschmelze und großen Regengüssen wurden die

Menschen von verheerenden Hochwassern heimgesucht, die Dämme sprengten, Häuser zum Einsturz brachten, Brücken wegrissen, Erdreich und Bäume, Schuppen und Vieh davontrugen und wertvolles Gras- oder Ackerland mit Schlamm und Geröll übersäten. Das Poltern und Krachen mitgeführter riesiger Bachkiesel war weithin zu hören. Die Gebirgler, die zuvor mühsam eine Wiese in jahrelanger Arbeit von allen Steinen befreit hatten, sagten, wenn sie sie erneut von großen runden Brocken bedeckt sahen: »Elbkugeln liegen wieder druffe.«

Am verheerendsten wirkte jedes Jahr die Elbe, schon deshalb, weil sie sich oft durch schmale Felsdurchlässe zwängen muß. Eigentlich ist es nicht vorstellbar, daß so ein liebliches Flüßchen es fertigbekommt, wie am 30. Juli 1897, das große Hotel »Deutscher Kaiser« in Spindlermühle völlig zu zerstören. Dabei handelte es sich nicht um ein Holzgebäude, sondern um ein mehrstöckiges Bauwerk aus Stein. Kaum anders erging es am gleichen Tag dem Gasthaus »Zum Eisenhammer« in Birkicht bei Krummhübel. Nur eine rückwärtige Mauer blieb stehen.

Seit dem 17. Jahrhundert erscheinen regelmäßig in den Ortschroniken Hinweise wie: »1756. Tauwetter. Elbe angewachsen. Alle Brücken von St. Peter, auch 7 Häuser samt Grund weggerissen und weggeschwemmt.« Um die Jahrhundertwende erfolgten die ersten Regulierungen. Aus dem Großen und dem Kleinen Teich fließt die Große Lomnitz ab und führt in ihrem Flußbett Unmengen von Gesteinsgeröll, das zusammen mit dem Wasser große Schäden in Krummhübel anrichtete. Seit die Ufer als Steindämme befestigt sind und das Flußbett durch unzählige kleine Staustufen ausgebaut wurde, kann die Große Lomnitz gezähmt werden.

1899 begann man mit der Elbregulierung bei Spindlermühle, auf einer Strecke, die sich von der Einmündung des Bärengrabens unweit des Elbfalles bis zu der zweiten Krausemühle hinzog. Mit den damaligen Möglichkeiten war es gar nicht so einfach, die wilde Elbe in gewaltigen Steindämmen einzugrenzen. Weil es im Gebirge für ein solches Vorhaben nicht genügend Arbeiter gab, wurden noch 150 Strafgefangene aus der Strafanstalt Mürau in Mähren eingesetzt. Die Spezialarbeit mußten die landschaftskundigen Gebirgler leisten. 10000 Kubikmeter Steine waren erforderlich, die teils dem Bett der Elbe entnommen, teils durch Absprengungen aus dem Sturmgraben, dem Rothwassergrund oder den Felsmassen des Weißwassergrundes gewonnen wurden. Wo man die Pferdegespanne nicht mehr einsetzten konnte, beförderten unerschrockene Männer die Bruchstücke mit den Hörnerschlitten an Ort und Stelle.

Welche körperliche Kraft und welches Können dazu notwendig waren, läßt sich heute nicht mehr nachvollziehen. Nicht selten rutschten Pferde und Schlitten mit ihrer Last ab und begruben den Kutscher. Der 13. September 1899 war der schwärzeste Tag von Spindlermühle: Mauern, Pfeiler, Wehre wurden in Sekunden fortgerissen. Die Notbrücke mußte gesprengt werden, die Mädelstegbrücke war gerissen und sämtliche Brücken bis Hohenelbe zerstört. Nach der Jahrhundertwende ist dann die Spindlermühler Talsperre unterhalb des Ortes zwischen den Hinteren Krausebauden und dem Tannenstein gebaut worden. Seit sie 1914 eingeweiht wurde, ist die Elbe etwas fügsamer.

Eine ebenso große Talsperre gibt es auf schlesischer Seite in unmittelbarer Nähe des Hauptkammes nicht. Die unzähligen Staustufen und Wehre entschärfen talwärts die wilden Flüsse, zusätzlich nehmen die vielen Teiche im Gebirgsvorland herabkommendes Wasser und Schneeschmelze auf. Dennoch wurde Hirschberg jedes Jahr vom Boberhochwasser heimgesucht, oft erreichte es eine gefährliche Höhe an der Boberbrücke. Durch den Zufluß des Zackens unterhalb des Hausberges wurde die Wasserkraft ungestüm; eingeengt von Viadukt und Sattlerschlucht, mußte aber auch der Bober klein beigeben: Die Talsperre Boberröhrdorf hielt ihn auf. Wenige Kilometer weiter erreichte er den schönsten Stausee des Riesengebirges: die Talsperre Mauer. Natürlich wurde auf

dieser Strecke die Wasserkraft vielfach genützt durch Mühlen und Fabriken wie durch die große Papierfabrik in Weltende am Ausgang der Sattlerschlucht.
Damit sind wir beim Segen des Wassers im Riesengebirge angelangt. Es brachte und bringt den Menschen Arbeit, Brot und Heilung. Schon sehr früh haben die Gebirgler es verstanden, mit Mut, Klugheit und Kraft die Energie des Wassers zu nutzen. Der Wasserreichtum des Gebirges entstammt seinem geologischen Aufbau und den umfangreichen Waldbeständen, den Hochmooren und Torflagern. Diese haben die Fähigkeit, alle Niederschläge wie Schwämme aufzusaugen. Knieholzbüsche, welche die Moortümpel dicht umstehen, spenden Schatten und verhindern so das Verdunsten des Wassers. Solche Moore, von den Riesengebirglern nur »Wiesen« genannt, liegen in beträchtlichen Höhen und sind große Wasseraufbewahrungsbehälter, aus denen die Täler gespeist werden. Hin und wieder sind sie recht tief, wie die Mooswiese nördlich der Schwarzschlagbaude. In diesem etwa 1 ha großen Sumpf sind schon weidende Kühe versunken. Das ganze Moorgelände, heute Naturschutzgebiet, ist rund 10 ha groß. Würde man diese »Wiesen« entwässern, um sie landwirtschaftlich zu nützen, wären verheerende Überschwemmungen die Folge.
Ähnlich wie die Kranichwiese oder die Grenzwiese als Wasserscheide ist auch die Mooswiese die Wiege eines Oderzuflusses: des Bobers. Er entspringt auf der Boberlehne und fließt als kleines Wässerlein durch das Dorf gleichen Namens, um erst jenseits der Landesgrenze bedeutender zu werden.
Die Aupa, im Volksmund nur »Appe« genannt, ist mit ihrem starken Gefälle Triebkraft zahlreicher Brettsägen, Holzschleifen, Mühlen und Fabriken, in denen die Bevölkerung gut bezahlte Arbeit findet.
Wie die Aupa wurde auch der Seifenbach (Klausengrundwasser), der Marschendorf durchfließt, schon früh genutzt. Geradezu harmlos kommt er von der Mooswiese herunter, durchströmt ein wildromantisches enges Felstal, den Klausengrund. Im 16. Jahrhundert wurde dort in großem Umfang die Holzflößerei betrieben. Bei der alten Klause unterhalb der Kühnelbaude im Klausengrund befand sich die Wasserstauvorrichtung.

Prinz-Heinrich-Baude auf dem Kamm (abgebrannt)

Obwohl sich noch im Mittelalter und danach Fürsten und Grafen um die Fischgründe des Riesengebirges im Bereich der Siebengründe heftig befehdeten, spielt schon seit einem Jahrhundert die Fischerei dort keine Rolle mehr. Warum das so ist, geht aus einem Bericht der Gräflich von Harrachschen Domäne aus dem Jahr 1879 hervor, in dem darüber geklagt wird, daß die Forellenbrutanstalt in Neuwelt nur einen geringen Ertrag abgeworfen habe, von den Pächtern der Fischwässer fast ausgeraubt worden sei. Im Riesengebirge erreichten die Forellen lediglich ein geringes Gewicht von 500 g, nur in der Großen Iser seien schwerere der besseren Nahrungsbedingungen wegen beobachtet worden.
Schuld an diesem Rückgang seien die drei Bleichen, welche am unteren Lauf der Kleinen Iser liegen, ferner die Klötzer- und Brennholzschwemme, die sich für die Fischzucht sehr nachteilig auswirke! Schon damals also wurden die Fische von Wirtschaftszweigen wie der Holzgewinnung und Indu-

strien wie der Leinenherstellung mit ihren Bleichen geschädigt und verdrängt.
Das gilt auch für andere Gebiete auf der böhmischen Seite. Im Bezirk Trautenau hatte die Fischzucht keine Bedeutung; Karpfen züchtete man ohnehin nicht, Forellen gab es nur im Steinmühlenteich, in Altenbuch, Alt Rognitz, Gabersdorf, Königshan, Lampersdorf, Marschendorf und Wildschütz. In den Dorfbächen findet sich seit der industriellen Nutzung des Wassers nur noch vereinzelt der Flußkrebs.
Ganz anders war es um die Fischbestände auf der anderen Seite des Gebirgskammes bestellt. Vor dem nördlichen Abbruch des Bergkammes, an der Linie von Vogtsdorf über Bad Warmbrunn, Giersdorf, Märzdorf, Clausnitz, Zillerthal, Buchwald bis Fischbach, breitet sich eine einzige Seenlandschaft eiszeitlicher Herkunft aus. In den Fischreichtum teilten sich die Herrschaft von Schaffgotsch und die preußischen Herrschaften von den Schlössern Fischbach, Buchwald und Erdmannsdorf. Die gräflichen Fischzuchtanstalten belieferten nicht nur Schlesien.
Daß diese ausgedehnte Seenlandschaft ein Paradies für Wasservögel aller Art war, einschließlich der Raubvögel, die für das natürliche Gleichgewicht sorgten, wurde und wird auch heute von Ausflüglern geschätzt. Dort war die schöngefärbte Ringelnatter genauso zu Hause wie die grünen Laubfrösche und die Wasserfrösche. Weder die graue noch die grüne oder die Feuerkröte fehlten, und der Teichmolch fühlte sich genauso wohl wie der prächtige Feuersalamander. Es gab Teichkrebse, die handtellergroße Teichmuschel, die mit ihrem unscheinbaren Äußeren in stumpfem Hellgrau das Auge täuschte, während ihre inneren Muschelseiten aus reinem Perlmutt bestanden. Libellen ohne Zahl schwirren über dem Schilf – leider fehlen auch die Mücken nicht bei entsprechend warmer Temperatur. Da diese Teiche den Badelustigen nicht zugänglich waren, blieben die Fische weitgehend ungestört und glichen die Fehlmengen der fischfreien Flüsse wieder aus.

Kam der Winter mit Schnee und Eis ins Land, war für die an harte Arbeit gewöhnten Männer des Gebirges eine schwierige Aufgabe zu bewältigen: Eisgewinnung auf den beiden Teichen! Ehe es den elektrischen Kühlschrank gab, mußte Verderbliches mit natürlichem Eis gekühlt werden. »Hersteller« war das Riesengebirge mit einer Lieferung von täglich 2000 Zentnern, die an Brauereien in Schlesien und der Mark Brandenburg ging. Der Umfang der Eisgewinnung wuchs mit den Transportmöglichkeiten. Noch 1842 belief sich der Ertrag auf 1000 Zentner Eis, weil es nur in die nächste Umgebung, bis etwa nach Bad Warmbrunn, gebracht werden konnte. 1897 aber sind 50000 Zentner Eis verzeichnet. Es wurde am Bahnhof Krummhübel verladen.
Und die Jahrhundertwende hatte ein Privatmann die Teiche von der Gräflich Schaffgotschen Verwaltung gepachtet. (Exner, Hotel Schneekoppe, Krummhübel.) Neben dem Holzrücken war die Eisgewinnung die schwerste Arbeit für die Gebirgler. Voraussetzung war eine große Kälte, die es ermöglichte, von der geschlossenen Eisdecke Stücke in 65 cm Dicke mit der Hand abzusägen, ohne daß die Eisdecke brach. Eine Knochenschinderei, gefährlich dazu.
Für das Sägen eines Eisblockes von sechs bis acht Zentnern Gewicht wurden 50 Pfennige gezahlt. Zwei fleißige Arbeiter schafften zusammen etwa zehn bis zwölf Blöcke an einem Tag. Mit Hörnerschlitten wurde das Eis talwärts gebracht. Die Männer sahen selbst aus wie Eisklumpen, da sie vom Schneestaub, der sofort gefror, überzogen wurden. Sie arbeiteten auch bei Sturm und Nebel, ständig bedroht von abgehenden Lawinen oder Schneebrettern an den Teichrändern. Am Südwestrand des Großen Teiches passierte das oft, nicht selten wurden die Arbeiter von der Schneelast, die unverhofft die Eisdecke durchschlug, fortgeschleudert. Manche rutschten ins Wasser. Bei Sonne hatten die ausgesägten Eisblöcke, aufgetürmt an den Rändern der Teiche, die blaugrüne Färbung des Gletschereises der Alpen. Diese schwere Arbeit wurde im Akkord verrichtet.

Der Wasserreichtum des Riesengebirges wurde zum großen und wichtigsten Energielieferanten. Strom von den Wasserkraftwerken der Talsperren behauptete sich neben dem billigeren Gas. 1908 wurde in Hirschberg das Städtische Elektrizitätswerk in Betrieb genommen und versorgte das Riesengebirgsvorland. Die Eisenbahnstrecke von Hirschberg über Petersdorf-Schreiberhau zur Grenze wurde zu einer Zeit, da fast alle Züge noch mit Dampflokomotiven fuhren, elektrifiziert (1924). Die Gebirgsstrecken bekamen moderne Triebwagenzüge, die als Doppelzüge bis Hirschberg fuhren, wo sie geteilt wurden in Richtung Schreiberhau und Krummhübel. Dort, wo einmal 1876 eine Pferdebahn geplant war, von Hirschberg über Bad Warmbrunn bis Petersdorf, fuhr schon von 1911 an »die Elektrische«, eine gelbe Straßenbahn der Hirschberger Talbahn.

Auch die Heilkraft des Wassers wurde genutzt. Das Riesengebirge hat zwei sehr bekannte Bäder zu bieten: Bad Warmbrunn, das mit seiner warmen Quelle (Schwefel und Radium) 1281 erstmals erwähnt wird, und auf der anderen Seite des Gebirgskammes Johannisbad mit 30 verschiedenen radioaktiven und mineralischen Quellen, mit deren Hilfe schon seit 1935 an Kinderlähmung erkrankte Kinder behandelt werden. Auch Wasserkuren, seit mehr als hundert Jahren in den verschiedensten Erholungsorten des Riesengebirges angeboten, bezeugen die wohltuende Wirkung des Wassers.

Es gehört zu den Schätzen, die der alte Rübezahl hütet. Die Menschen können sie besitzen, aber sie müssen sie fürchten, sich verdienen und lieben.

NATIONALPARK RIESENGEBIRGE

Jeder, dem das Riesengebirge am Herzen liegt, kann darüber nur glücklich sein, daß große Flächen dieser ungewöhnlichen europäischen Landschaft zum Nationalpark erklärt sind. Ein Nationalpark ist in heutigem Verständnis mehr als ein reines Pflanzenschutzgebiet oder Tierreservat. »Nationalpark« meint, daß es sich um eine der wertvollsten Regionen unserer Erde handelt.

Das erste Lob gilt hier dem 1880 von Theodor Donat gegründeten Riesengebirgsverein (RGV). Das Denkmal des Gründers steht in der Nähe des Großen Teiches. Sitz des Riesengebirgsvereins war Hirschberg. Im gleichen Jahr entstand auf der Südseite mit Sitz Hohenelbe der Österreichische Riesengebirgsverein.

Von Anfang an gehörte es zu den Vereinsaufgaben, die Landschaft zu schützen. Dazu wurden Streifendienste organisiert, die in den Schneegruben und an den Kammhängen darauf achteten, daß das rosa Habmichlieb (Primula minima), der Schwalbenwurz-Enzian (Gentiana asclepiadea), die Teufelsbartanemone (Pulsatilla alpina) und andere charakteristische Pflanzen nicht ausgerissen, zerstört oder als Sträuße auf den Märkten verkauft würden. Daß man weite Gebiete des Gebirges schon damals unter Naturschutz gestellt hat, geht auf das Wirken der beiden Riesengebirgsvereine zurück.

Auf alten Karten sind diese Naturschutzgebiete eingezeichnet: Auf deutscher Seite verlief die Begrenzungslinie des Pflanzenschutzgebietes entlang der nationalen Grenze vom

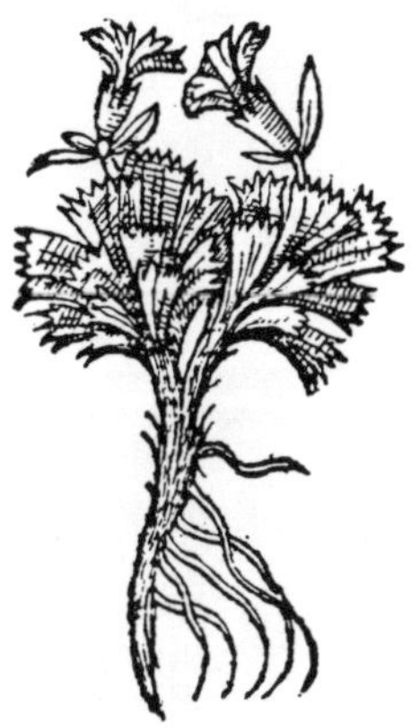

Habmichlieb (Primula minima)

Isergebirge über die Grenzbauden bis zum Ausgespann, wand sich in nördlicher Richtung an Arnsdorf vorbei, um die Pohlsche Schweiz herum. Dann setzte sie sich in nordwestlicher Richtung oberhalb von Wolfshau und Brückenberg, oberhalb der Baberhäuser, Hains und Agnetendorfs, entlang des Leiterwegs bis unterhalb des Zackelfalles fort, umlief bei Schreiberhau den gesamten Hohen Iserkamm, bis sie oberhalb von Flinsberg im Isergebirge wieder an die Kammlinie stieß. In diesem ausgedehnten Naturschutzgebiet sind als Pflanzenschongebiete die Kessel aller drei Schneegruben gekennzeichnet, das Gebiet der beiden Teiche bis hinab zur Schlingelbaude, ein Teil des Melzergrundes und die nördlichen Hänge der Schneekoppe und des Riesenkammes.
Der heutige Nationalpark auf dieser Seite soll 55 qkm umfassen. Auf Wanderkarten sind jedoch nur einige Gebiete zu entdecken, die mit den oben angegebenen Pflanzenschongebieten identisch sind.

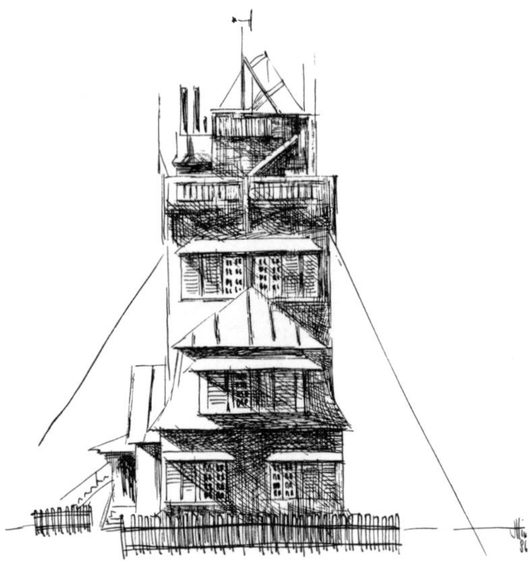

Wetterwarte auf der Schneekoppe, 1900 eingeweiht

Das umfangreiche Gelände des Nationalparks Riesengebirge auf der böhmischen Seite bildet mit dem schlesischen Teil eines der größten zusammenhängenden Naturschutzgebiete in Europa. Man ist zur Zeit bestrebt, noch eine weitere Fläche von 160 qkm auszuweisen, die den Richtlinien des Naturschutzes unterliegen wird.
Was man wissen sollte: Das in Naturschutzgebieten übliche Sammelverbot erstreckt sich im Nationalpark auch auf Steine und Mineralien! Im Gebiet des Krkonosch sind Naturschutzzonen des Nationalparks die Gegend bei den Elb- und Aupaquellen, die Siebengründe bis hinauf zum Ziegenrükken, die Weiße Wiese, das Rehorngebiet, ein Torfmoor in der Nähe der Schwarzen Koppe und das Quellgebiet des Bobers.
Die große Sorge der Verwaltung des KRNAP (Krkonošský národní park) – des Riesengebirgs-Nationalparks mit Sitz Hohenelbe – sind die Begleiterscheinungen des Fremdenverkehrs, dem man das begonnene Sterben der Wälder mit anrechnet. Die Naturschützer halten inzwischen die Situation zeitweise für so kritisch, daß sie an Maßnahmen wie die Beschränkung der Touristenzahlen denken. Während der private Baudenbetrieb früherer Zeiten lange Ruhepausen kannte, die zur Renovierung und als Urlaub für das Personal genutzt wurden, hat man nach dem Krieg Zentren des Massentourismus geschaffen, die das ganze Jahr über zur Verfügung stehen.
Um Besuchern Seltenheiten zeigen zu können, ohne daß sie die Naturschutzgebiete in Scharen bevölkern, beginnt man im Schloßpark von Hohenelbe damit, Naturlehrpfade anzulegen, Volieren mit selten gewordenen Vögeln aufzustellen und in einer Spezialgärtnerei bedrohte Arten der Gebirgsflora zu züchten und anzusiedeln. Auf der böhmischen Seite des Riesengebirges gibt es bis jetzt sechs Naturlehrpfade.
Die Tierwelt des Riesengebirges ist eher bescheiden zu nennen. Natürlich sind auch hier die großen Raubtiere ausgestorben. Die letzten Bären, von denen man weiß, wurden 1726 und um 1850 erlegt. Der Wolf ist längst

verschwunden. Seit Beginn des 19. Jahrhunderts sind Luchs und Wildkatze kaum noch nachzuweisen; von den Großvögeln oder Raubvögeln ist auch der Wanderfalke schon lange nicht mehr heimisch.
Was ist geblieben? Rothirsch und Reh, manchmal noch Wildschweine. Der Dachs ist kaum noch vertreten, dafür aber der Fuchs, der Marder und das Wiesel. Auerwild und Haselhühner sind ausgestorben, zwischen Moortümpeln jedoch hat sich in der Einsamkeit das Birkhuhn gehalten. Als absolute Seltenheit dürfte der Schreiadler gelten, der im Ostteil des Gebirges zu beobachten ist, neben Habicht, Sperber und Bussard. Drei Vertreter der Eulenfamilie sind noch in den Gebirgswäldern heimisch: der große Uhu, der kleine Sperlingskauz und der Rauhfußkauz. Im Quellgebiet des Bobers nistet der Schwarzstorch. In tieferen Lagen gibt es in Wäldern und Wiesen Buchfinken und Fichtenkreuzschnäbel, Gimpel, Spechte, auch die Ringdrossel. In den Gipfellagen der subalpinen Zone von 1200–1450 m ü. M. trifft der Wanderer zu seiner großen Freude auf viele Berg- und Wiesenpieper, auf den Alpenbirkenzeisig und sogar auf den Karmingimpel. Der Mornell-Regenpfeifer war früher im Riesengebirge zu Hause, doch wird er jetzt nur noch selten als Zugvogel beobachtet.
Ein winziges Mäuslein, die Alpenspitzmaus, hat sich in dieser Gebirgszone als eiszeitliches Relikt erhalten. An den Felsstürzen der Schneegruben und der Kesselgrube lassen sich mit Glück der Turmfalke oder der Steinschmätzer erspähen. Die Schneekoppe allerdings bekommt ganz seltenen Besuch: durch die Alpenbraunelle und manchmal durch den Steinrötel. An den Gebirgsbächen lebt einträchtig mit der Gebirgsstelze die Wasseramsel, während der in vielen Farben schillernde Eisvogel mehr in niedrigeren Lagen anzutreffen ist.
Von den Fischen, um die sich einstmals die Grafen Schaffgotsch mit den von Harrach stritten, ist nicht mehr viel geblieben. Selbst die Bachforelle ist fast verschwunden, was die Naturschützer auf die Beimengung chemischer Gifte im Regen zurückführen. Gehalten hat sich hier nur ein Amerikaner, der Bachsaibling, der versuchsweise ausgesetzt worden war und vermutlich widerstandsfähiger ist.
In den eiszeitlichen Karen, die der Riesengebirgler »Gruben« nennt, finden sich die meisten der seltenen Pflanzen, wie die Rosenwurz, der dunkle Süßklee, die Prachtnelke, gegenblättriger Steinbrech, kleine Sträucher der Sudetenvogelbeere und, nicht zu vergessen, der insektengierige, rundblättrige Sonnentau. Weil diese Gruben einen so großen Artenreichtum an seltenen Pflanzen aufweisen, bekamen sie den Namen »Garten«: Rübezahls Garten, Teufelsgarten, Schusters Garten, Rübezahls Rosengarten und Rübezahls Lustgarten.
Wer weiß, vielleicht sitzt der alte Berggeist in einer der Gruben und bewacht seinen Garten, darauf wartend, daß dereinst der Nationalpark Riesengebirge nur noch ein einziger Garten Rübezahls ist?

WANDERN IN SCHLESIEN

Für jemand, der die »Lehr- und Wanderjahre« seiner Jugend im Riesengebirge verbrachte, dürfte es nicht schwer sein, einige Wandervorschläge zu unterbreiten. Sie würden zu manchen Plätzen in Rübezahls verschwiegenem Reich führen, die auf keiner Karte zu finden sind: zu jenem Steilhang beispielsweise über der Nässe, wo die Wurzeln der gefällten Bäume überwuchert sind von Beerengestrüpp, Farnen und hohen Gräsern. Dort wuchsen Reh- und Birkenpilze, Rotkappen und »Groaseloatschen«, wie die Butterpilze genannt wurden. Folgte man einer der vielen Wildfährten durch das Himbeergestrüpp, kam man nicht selten hinab ins feuchte Kosakenloch, wo das Rotwasser rauschte. Ohne Weg und Steg ging es die Rote Lehne hinauf, bis endlich das Dach der Peterbaude zu sehen war... Grenzwald, Grenzwiesen, wo nur die Angst vor Rübezahl mit dabei war, weil man sich in seinen Bannwald gewagt hatte.

Melzergrundbaude (1003 m)

Doch heute zerschneidet die Grenze das Gebirge, vieles hat sich verändert. Es ist nicht ungefährlich, sich auf vermeintlich altvertraute Pfade zu wagen. Doch bleibt die Hoffnung, daß die Grenze vor der Peterbaude eines Tages wieder durchlässiger wird, denn das Riesengebirge ist ein Ganzes.

I KRUMMHÜBEL – MELZERGRUND – SCHNEEKOPPE UND ZURÜCK; Aufstieg 3¼ Stunden; 13 km.

An der Ortsgrenze zwischen Krummhübel und Brückenberg liegt das Hotel »Biały Jar«, von dem aus mehrere markierte Wanderwege auf den Kamm führen.
Rote Markierung. Durch den Melzergrund bis zur Melzergrundbaude (1½ Stunden). Sie liegt 1003 m hoch ü. M. und ist im Winter durch Lawinen bedroht. 1901 wurde hier ein älteres Gasthaus völlig von Lawinen zerstört. Der Melzergrund ist übrigens das längste der vom Gletschereis ausgeformten Täler des Gebirges. Das Tal endet mit einem Felsenkessel, durch den der steile Anstieg auf den Koppenplan und von dort über den Zickzackweg auf die Schneekoppe führt.

Die andere klassische Wanderung auf die Schneekoppe ist der Weg, den schon im 17. Jahrhundert die Pilger zur Laurentius-Kapelle auf sich nahmen.

II KRUMMHÜBEL – KLEINER TEICH – HAMPELBAUDE – SCHNEEKOPPE; 16 km; 4 Stunden

Der Weg führt nach der *blauen* Markierung durch Brückenberg, vorbei an der Kirche Wang, die man sich ansehen sollte. Weiter zur Schlingelbaude (1067 m), von dort ist es nicht weit zu der Felsgruppe der Dreisteine (1204 m). Dann geht es an der Kleinen Teichbaude vorbei, wo Speisen und Getränke zu bekommen sind; von der früheren Atmosphäre der Baude mit dem hübschen Glockentürmchen ist nichts mehr zu spüren. Deshalb wird der kurze Weg (15 Min.) zur Hampelbaude leicht fallen, aber auch deren Einrichtung ist nicht in allerbestem Zustand. Der *blauen* Markierung folgend, erreicht man den Koppenplan und damit das Schlesierhaus. Für Verpflegung sollte man hier selbst Sorge tragen. Aufstieg über den Zickzackweg, Einkehr in dem neuen Schneekoppenhotel.
Das ist in der Tat eine »moderne« Version, von der alten Baudengemütlichkeit weit entfernt. Die, bei schönem Wetter, sehr zahlreichen Gäste sitzen eng an eng, und über die körperliche Stärkung hinaus gibt es hier nichts Empfehlenswertes.

III KRUMMHÜBEL – SESSELLIFT – SCHNEEKOPPE; 3 Stunden.

Schwarze Markierung vom Ausgangspunkt »Biały Jar« bis zur unteren Station des Sesselliftes in der Nähe der früheren Teichmannbaude in Brückenberg. In wenigen Minuten bringt der Sessellift die Touristen auf den Kamm. Die Bergstation liegt vor der Kleinen Koppe (1375 m) zwischen Gehängebrunnen und Seifengrube. Bis zum Schlesierhaus sind es etwa 30 Minuten zu Fuß, und von dort geht es zum Zickzackweg, über den man den Schneekoppengipfel erreicht. Als Alternative kann man den Jubiläumsweg wählen, der, in einem weiten Halbkreis um den Koppengipfel führend, bequemer und länger ist. Heute hat er einen großen Schönheitsfehler: Das letzte Stück befindet sich auf tschechischem Gebiet – es ist von der polnischen Seite aus nicht zu betreten. Aus diesem Grunde führt vom Jubiläumsweg vor der Grenze ein Stichpfad voller Geröll steil hinauf zum Schneekoppengipfel. Gute Wanderschuhe mit Knöchelschutz sind für beide Wege sehr zu empfehlen.

IV HIRSCHBERG – BOBERTALSPERRE – BOBERRÖHRSDORF – TALSPERRE MAUER; 3 ½ Stunden; etwa 12 km.

Der Wanderweg, *grüne* und *gelbe* Markierung, führt südlich über den Hausberg, so daß man nicht wie früher am Zusammenfluß von Bober und Zacken und unter dem Viadukt hindurchkommt. Der Weg trifft erst in der Sattlerschlucht auf die alte Fahrstraße und folgt ihr am Bober entlang bis zur Talsperre und der Turmsteinbaude (1½ Std.). Weiter am Bober entlang, auf dem gleichen Wanderweg, ist Boberröhrsdorf in 30 Minuten zu erreichen. Sehenswert ist dort der Wohnturm aus dem 13. Jahrhundert, Überrest einer 1443 zerstörten alten Wasserburg. Innen reiche Wandmalerei. In Boberröhrsdorf war auch die Schleierweberkunst zu Hause, nachdem im Dreißigjährigen Krieg die Schleierweber aus Hirschberg ins Umland geflüchtet waren. Wer noch einmal 5 km Wanderweg (Fortsetzung) auf sich nimmt, wird mit einem der schönsten Ausflugsziele des Riesengebirgsvorlandes belohnt: der Talsperre Mauer, einem Wassersportparadies; Bahnverbindung nach Hirschberg.

V NIEDERGIERSDORF – BURG KYNAST – NIEDERGIERSDORF; 2½ Stunden, *gelbe* Markierung.

Giersdorf, 10 km von Hirschberg entfernt, ist einen Ausflug wert. Die 67 Giersdorfer Teiche, Relikte aus der Eiszeit, haben über 100 ha Wasseroberfläche: ein kleines Paradies mit Blick auf das ganze Gebirgspanorama. Einst hatten hier die Schaffgotsche ihre Fischgründe und -zuchten. Heute ist das Gebiet der Giersdorfer Teiche der größte Nistplatz für Wasservögel in den Sudeten. Die spätbarocke Kirche des Luftkurortes wurde 1792 auf den Mauerresten einer mittelalterlichen Kirche errichtet. Das Taufbecken aus dem Jahre 1486 ist erhalten. Auch eine Glocke, 1635 entstanden, gibt es noch; in Giersdorf war im 17. Jahrhundert das Glockengießergewerbe heimisch.
Der Weg zur Burgruine führt im Bogen durch den Talgrund um den Berg Kynast, einen steil aufragenden Granitfelsen, auf dem die Burg Kynast emporragt, als sei sie ein Stück dieses Felsenturmes. Nachdem 1674 ein Blitzschlag die Burg zerstörte, blieb das restliche Gemäuer bis heute Ruine, ein Schauplatz schlesischer Sagenwelt. Vom 657 m hohen Kynast bietet sich dem Wanderer eine gute Rundsicht auf das Vorgebirgsland und den Kamm.

VI HERMSDORF – KYNAST; 1 Std. 40 Min.; *schwarze* Markierung.

Dieser Weg ist stellenweise sehr steil. Er führt über das Felsmassiv, vorbei am Löcherigen Stein, einer natürlichen Höhle, und an der Räubergrotte. Vom Räuberfelsen geht ein

Schneegruben: Auf- und Abstiegswege

unterirdischer Tunnel zum Nordhang der Höhe. Der Gipfel des Granitkegels Kynast ist ein Teil des Nationalparks Riesengebirge – *Karkonoski Park Narodowy.* Geschützt sind die interessanten Felspartien sowie der alte Buchen- und Kiefernbestand. Im nördlichen Wehrturm befindet sich eine Herberge, in der Vorhalle gibt es zwei interessante Ausstellungen: »Geschichte der Burg Kynast« und »Nationalpark Riesengebirge, schlesische Seite«.

VII SCHREIBERHAU – REIFTRÄGER U. ZURÜCK; 4 Stunden; zunächst *rote* Markierung.

Von der Straße in Oberschreiberhau zur Josephinenhütte zweigt der rotmarkierte Wanderweg zum Reifträger nach links ab, vorbei am Zackelfall (die Baude ist abgebrannt), weiter zur Neuen Schlesischen Baude, wo er die Baumgrenze erreicht. Die große Feuchtwiese, auf der Zuflüsse zur Kochel entspringen und sich eine alpine Vegetation ausgebreitet hat, führt durch das Reifträgerloch bis hinauf zum Kamm, wo das baumlose und häufig mit Felstrümmern übersäte Grasland an die Kranichwiese stößt.

Reifträgerbaude (1362 m)

Der Reifträger ist ein mächtiger, 1363 m hoher Trümmerkegel, gekrönt von einer der schönsten Bauden des Gebirges, aus der die erfolgreiche Skifamilie Endler stammt. Er ist auch heute ein Wintersportzentrum mit Skiaufzug und nächtlich beleuchteten Pisten, von denen zwei hinab nach Schreiberhau führen. »Filutek« heißt die leichtere Abfahrt (*schwarze* Markierung), die *blau* markierte Piste heißt »Lollobrigida«, wohl der vielen Kurven wegen.
Wem der Aufstieg auf den Reifträger zu beschwerlich ist, kann den Lift von Oberschreiberhau aus nehmen, der in zwei Fahrtabschnitten zu je 12 Minuten Fahrzeit bis zur Bergstation unterhalb des aufgetürmten Trümmerfeldes fährt. Vom Reifträger genießt man eine ausgezeichnete Aussicht zum Hochstein und Hohen Iserkamm, in der böhmischen Nachbarschaft ins Gebiet von Elbquelle und Krkonosch, in Richtung Schneegruben zu den Pferdekopf- und Reifträgersteinen (1298 m) und natürlich nach Schreiberhau und ins Hirschberger Tal.

VIII AGNETENDORF – SCHNEEGRUBENGRAT – SCHNEEGRUBENBAUDE UND ZURÜCK; 3 Std. Aufstieg, 2 Std. Abstieg über den Korallenweg.

Von Agnetendorf aus zunächst *blaue* Markierung bis zum dritten Waldweg. Von da an *schwarze* Markierung. Beschwerlicher Felspfad am Rande der kleinen Schneegrube hinauf auf den Kamm. Der Weg mündet ein zwischen der Großen Sturmhaube (1424 m) und dem Hohen Rad (1506 m); von dort sind es bis zur Schneegrubenbaude noch gut 30 Minuten.
Da das Innere der Schneegrubenkessel mit ihrer einzigartigen Flora zum Gebiet des Nationalparks Riesengebirge gehört, ist es ratsam, sich vor der Abreise von Hirschberg nach Agnetendorf im Reisebüro zu erkundigen, welche Möglichkeiten es gibt, in dieses Gebiet zu gelangen.

IX SCHREIBERHAU – HOCHSTEIN (1058 m) – SCHREIBERHAU; Aufstieg 1 Std., Abstieg 45 Minuten.

Ab Bahnhof Oberschreiberhau *roter* Markierung durchs Weißbachtal folgend. Nach den letzten Häusern steigt der Weg in der Nähe der Rodelbahn sehr stark an. Vom Hochstein aus gute Rundsicht auf Schreiberhau und den Kemnitzkamm mit den Bibersteinen. Auf dem Rückweg kreuzt ein *schwarz* markierter Wanderweg den Abstieg. Folgt man diesem Weg, erreicht man sehr bequem den Ortsteil Niederschreiberhau, der der älteste ist. Hier ist eine Kirche von 1650 sehenswert, wie auch die alten, eisengeschmiedeten Grabkreuze auf dem dazugehörenden Friedhof. Daneben steht eine weit ausladende »Gerichtslinde« mit dem stattlichen Umfang von 6 Metern. Die barocke, ehemalige evangelische Kirche wurde in den Jahren 1755–1787 erbaut. Auf diesem Wanderweg kann man an den Felsen, die den Weg säumen, einige der geheimnisvollen Zeichen der Walen entdecken, die hier nach Gold und Edelsteinen suchten.

X OBERSCHREIBERHAU/ZENTRUM – ZACKELFALL UND ZURÜCK; 1 ½ Std.

Rote Markierung von der Ortsmitte aus bis zum Zackelfall, der als Teil des Nationalparks unter Naturschutz steht. Der obere Rand dieser imposanten Granitschlucht liegt in 844 m Höhe, das Wasser des Zackens stürzt mit großer Kraft 27 m tief in die 100 m lange, sehr enge Felsenschlucht. Regenkleidung ist zum Begehen dieser Felsenschlucht, die mit einem abgesicherten Holzsteg versehen ist, sehr zu empfehlen. Kein Ausflug für ängstliche Naturen.

AUSFLUGSZIELE IM BÖHMISCHEN

Sehr verschieden und wesentlich vielfältiger sind die Möglichkeiten für Hochgebirgstouren und kleine Ausflüge auf der böhmischen Seite. Hier kann man nach eigenen Vorstel-

Mooswiesenbaude (1150 m), Naturschutzgebiet Mooswiese

lungen wählen. Bevorzugt der Tourist erstklassige Berghotels von internationalem Rang, so findet er diese in der Nähe von Harrachsdorf, Spindlermühle und Petzer. Nationalpark und Naturschutzgebiete sind hier ausgedehnter, das Wegenetz der Naturlehrpfade ist länger und dichter, und Bergtouren kann man bis auf die Schneekoppe hinauf ohne Reiseführer unternehmen. Es gibt 43 Bergrettungsstationen, verteilt über das böhmische Riesengebirge. Zum Vergleich: Nur eine Bergrettungsstation befindet sich auf der Nachbarseite in Krummhübel. Die Mehrzahl der Touristen ist auf den Hauptrouten anzutreffen. Deshalb haben wir für diese Wandervorschläge Wege ausgesucht, die nicht überlaufen sind, obwohl sie dem Besucher die ganze Schönheit dieses Wandergebietes erschließen. Wer das böhmische Riesengebirge besucht, wird Harrachsdorf mit dem Elb- und Mummelgebiet nicht auslassen, er wird den Spindlerpaß wegen der bequemen Anfahrt wählen und keineswegs auf die Schneekoppe als Erlebnis verzichten. Seltener wird er die Gegend um Johannisbad erkunden bis hin zum stillen Rehorngebiet mit seinen Urwaldresten und dem Rehornblumengarten mit

Rehornbaude (1001 m) im Naturschutzpark

seinen botanischen Seltenheiten. Ein 7 km langer Naturlehrpfad führt um den Rehornkamm herum, wo man von allen Seiten ein herrliches Gebirgspanorama vor Augen hat bis weit hinein in das Quellgebiet des Bobers.

I SCHATZLAR – REHORN – SCHATZLAR; 12,5 km.

Von Trautenau aus ist Schatzlar auf einer guten Autostraße zu erreichen. Start: Schatzlar, Marktplatz, *rote* Markierung bis zum Schloß. Von dort *rote* und *gelbe* Markierung bis zum Rehorn-Kamm, Rehorn-Kreuz (955 m) und weiter zur Rehorn-Baude. Rückweg über den Naturlehrpfad, *rote* Markierung, abwärts über Felder und Wiesen bis zur Straße. Durch den Wald der *grünen* Markierung folgend, erreicht man den Brettgrund und wieder den Ausgangspunkt. Dieser Weg hat nur sanfte Steigungen.

II MARSCHENDORF – REHORN; 11 km.

Dieser Weg ist der kürzeste, aber der steilste auf das Rehorn. Vom Ortszentrum in Marschendorf aus *gelbe* Markierung durch den Wald zur Rehornbaude (3,5 km). Dort trifft man auf den Naturlehrpfad. Will man diesem bis zum Rehorn-Kreuz folgen, verlängert sich der Gesamtweg um 3,5 km. Rückweg *grüner* Markierung folgend bis Jungbuch und von dort mit Bus oder Bahn über Freiheit nach Marschendorf.

III JOHANNISBAD – SCHWARZE KOPPE – BLAUSTEINE – JOHANNISBAD; 12 km.

Johannisbad liegt eingebettet in eine liebliche Landschaft. Bahnverbindung von Freiheit aus. Auch dieser schöne Wanderweg ist nicht überlaufen. Start: Marktplatz in Johannisbad, *rote* Markierung, vorbei an der ev. Kirche, der Straße folgend. Nach Einmünden an *gelber* Markierung nach links orientieren bis Ortsteil Schwarzenberg. Von dort geht es stellenweise sehr steil hinauf auf den Schwarzen Berg. Von der Biegung an geht die *rote* Markierung wieder allein weiter bis zu Sokol-Baude und der Bergstation der Seilbahn. Ein etwa 500 m langer, *blau* markierter Verbindungsweg führt zum Rückweg *grün)* in Richtung der früheren Kühnelbauden (heute Pardubické boudy) zu den Blausteinen. Weiter zur Blausteinbaude (blaue Markierung) und zurück nach Johannisbad auf den Marktplatz.

IV FREIHEIT – SCHWARZER BERG – FREIHEIT; 18,5 km.

Im ersten Teil mehrere Steilstrecken, doch wird der Wanderer mit schönen Ausblicken auf weniger bekannte Gebirgspartien belohnt.
Vom Bahnhof Freiheit *gelber* Markierung folgend über die Aupabrücke. Der Weg führt südlich an Johannisbad vorüber durchs Johannistal, vorbei an der Johannisbaude. Der Markierung folgend, durchquert man einen Wald und erreicht die Straße zur Hoffmannsbaude. Steil aufwärts zu den Spiegelbauden, die als Erholungszentren dienen, weiter zur Sokolbaude und Seilbahnstation. Der Rückweg von der Sokolbaude ist *rot* markiert und führt entlang der Trasse der Seilbahn bis zu den früheren Zinnecker-Bauden. Dort biegt der Weg scharf nach links *(gelb)* unter dem Hang des

Schwarzen Berges ab ins Kurzentrum von Johannisbad. Kurhaus, der in Stein gehauene Rübezahl, sind weitere Stationen auf dem Weg zur alten Straße nach Freiheit.

V MIT DEM SESSELLIFT VON PETZER AUS AUF DIE SCHNEEKOPPE; 10,5 km.

Was früher eine große und beschwerliche Tagestour war, ist heute ein bequemer Ausflug geworden. Vom Ortszentrum Petzer folgt man der *blauen* Markierung, überquert die Aupa und kommt zur Talstation des Sesselliftes. Zunächst führt der Lift auf den Rosenberg, dort steigt man in den Anschlußlift auf die Schneekoppe (1605 m) um. Die Gipfelstation bietet ein Büffet mit Erfrischungen und Verpflegung, die tschechische Baude auf der Schneekoppe ist bewirtschaftet. Wer statt des Liftes den Fußweg für den Abstieg wählt, muß von der Koppe aus der *gelben* Markierung folgen und mit starkem Wind rechnen, bis er die bewaldeten Hänge erreicht hat.
Unterhalb der Sesselliftstation auf dem Rosenberg halte man sich an die *grüne* Markierung. Der Weg führt an den früheren Leischner- und Hoferbauden vorbei zwischen Messnergraben und Aupagrund hindurch. Dort steht das schmucke Berghotel »Jana«. Rückkehr über Aupa, von wo man mit einem Linienbus bis Petzer zurückfahren kann oder zu Fuß am rechten Ufer der Aupa den Ausgangspunkt erreicht. Hier allerdings würde sich die Gesamtstrecke des Ausfluges um 4,5 km verlängern.

VI PETZER – NATURLEHRPFAD – WIESENBAUDE – PETZER; 15,5 km.

Obwohl diese Bergtour zu den anstrengendsten des ganzen Gebirges gehört, ist sie doch wesentlich einfacher als jene klassische, die heute nicht mehr möglich ist: Petzer – Wiesenbaude – Riesenbaude – Aufstieg Zickzackweg auf die Schneekoppe und Abstieg über den Rosenberg nach Petzer. Die Riesenbaude wurde Ende der 80er Jahre abgerissen. Sie lag gegenüber dem Schlesierhaus auf dem Koppenplan auf der tschechischen Seite, getrennt durch den Weg der Tschechisch-Polnischen-Freundschaft. Doch die hier empfohlene große Bergtour, die einiges an Leistungsfähigkeit voraussetzt, bietet ebenfalls unvergeßliche Eindrücke. Das Ausweichen auf einen Sessellift ist nicht möglich.
Herzstück dieser Wanderung ist der Naturlehrpfad, welcher durch die interessantesten Partien des Gebirges am Rande des Naturschutzgebietes Weiße Wiese führt. Von Petzer aus der *gelben* Markierung folgend, kommt man durch den Blaugrund zu den Brunnbergbauden. Im Sattel des Brunnberges steht eine Kapelle, die den Opfern dieser Bergwelt erbaut wurde. Von hier beste Aussicht auf die Weiße Wiese, die Schneekoppe, hinab ins Aupatal und den Riesengrund. Vorbei am Rennerbaudenkreuz, das den Schneetoten gilt, kommt man zur Wiesenbaude, wo gelegentlich auch eine Erfrischung zu erhalten ist. Nun führt eine *blaue* Markierung bis hin zum ehemaligen Standort der Riesenbaude, die leider (siehe oben) seit einigen Jahren nicht mehr steht; hier bietet sich jedoch ein guter Rundblick über den Koppenplan und den steilen Aufstieg auf die Koppe. Der *blau* markierte Rückweg führt durch das Naturschutzgebiet, weite Torfmoore mit Vegetation, die die Eiszeit zurückließ. Das gleiche gilt für die Fortsetzung dieses Weges durch den Aupa- und Riesengrund. Ohne gute

Leischnerbaude über dem Aupagrund

Riesengebirge mit Schneekoppe

Wanderschuhe sollte man diesen Weg nicht wählen: Verletzungsgefahr. Blick aus dem Aupakessel und dem Riesengrund hinauf zum Brunnberg. Durch den Riesengrund an der Bergschmiede vorbei, die im Mittelalter ein Vitriolwerk war, heute das letzte Haus vor dem Anstieg, gelangt man wieder nach Petzer.

VII SPINDLERMÜHLE – WEISSWASSERGRUND – ZIEGENRÜCKEN; 16,5 km.

Im Winter liebt es der Ziegenrücken, Lawinen in den Weißwassergrund zu schicken, der dann gesperrt ist. Doch im Sommer sollte man sich das Erlebnis Ziegenrücken nicht entgehen lassen, denn sein Grat ist manchmal so schmal, daß wirklich nur zwei Schuhe nebeneinander Platz haben... Er ist jedoch bekannt für eine gute Heidelbeerernte, für Himbeeren und manchmal auch Walderdbeeren, wenn man seine Wanderung in den frühen August legt.
Von Spindlermühle aus geht es an der Elbe aufwärts bis zum Mädelsteg und am rechten Ufer des Weißwassers entlang (*grüne* und *gelbe* Markierung) bis zur Weißwassergrundbaude. Dort kann man einkehren und Erfrischungen bekommen. Diese Baude wurde sehr oft ein Opfer von Lawinen. Im Winter ist sie nicht bewirtschaftet. Das Weißwasser, auch weiße Elbe genannt, muß man überqueren, auf der anderen Seite geht es in einem Felsenkessel steil hinauf auf die Weiße Wiese und zur Wiesenbaude. Einkehrmöglichkeit. Rückweg: Zunächst *rote* Markierung, vorbei an den Grundmauern der abgebrannten Rennerbaude zum Sattel des Ziegenrückens (1400 m). Ein Abzweig zu einem empfehlenswerten Aussichtspunkt (Eisenkoppe) ist *blau* markiert. Zum Abstieg geht es zurück zum Sattel, von dort führt ein schmaler steiniger Weg auf dem Ziegenrücken bis zum Abstieg nach St. Peter, von wo aus man Spindlermühle wieder erreicht.

VIII SPINDLERMÜHLE – SCHÜSSELBAUDEN – ELBQUELLE UND ZURÜCK; 14 km.

Zwischen dem Ortsteil Friedrichsthal und der Elbtalsperre geht es hinüber zu den Schüsselbauden, erst *grüne* und dann *gelbe* Markierung. Der Weg führt aufwärts über den langgezogenen Bergrücken des Krkonosch zwischen Goldhöhe und Kesselkoppe (1411 m). Im Winter ist hier ein ausgezeichnetes

Skigebiet. Von der Höhe des Krkonosch kommt man in nördlicher Richtung auf die Elbwiesen und die eingefaßte Elbquelle. *Rote* und *grüne* Markierungen führen abwärts zur neuerbauten Elbfallbaude. Dort kann man als Gast einkehren und hat einen unvergeßlichen Blick über die Siebengründe, zu denen der Elbgrund gehört. Geleitet von der *roten* Markierung, kommt man wieder auf den Kamm des Krkonosch bis zur Kreuzung, wo ein Weg zur Goldhöhe führt. Wer nicht laufen möchte, kann den Weg bis zur Goldhöhe wählen und mit dem Sessellift ins Tal schweben.
Eine Abwandlung dieses Wandervorschlages wäre, den Rückweg vom Elbfall her durch den Elbgrund anzutreten. Da aber das Naturschutzgebiet Siebengründe dort bis an die Elbe heranreicht, ist es ratsam, sich vorher zu informieren.

IX DURCH DAS MUMMELTAL ZUR WOSSECKERBAUDE; 19 km.

Hier handelt es sich um einen größtenteils sehr bequemen Weg durch den Mummelgrund von Harrachsdorf aus. Mit *blauer* Markierung von der Busendhaltestelle aus führt der Weg bis zu einer Kreuzung, wo *rote* und *gelbe* Markierungen einmünden. Alle führen an der Mummelfallbaude vorbei bis zum Mummelfall, dort zweigt die *rote* Markierung links ab zur Wosseckerbaude. Der Anstieg ist steil. Mit Hilfe der *gelben* Markierung geht man zurück zu der Wegkreuzung, überquert die Mummel. Vom nahegelegenen Fuchsberg (1344 m) und dem Plechkamm (1210 m) beste Aussicht. Vom Plechkamm geht es mit *blauer* oder *grüner* Markierung abwärts bis zum Ausgangspunkt.
In Harrachsdorf ist außer dem Glasmuseum auch der riesige Kronleuchter in der Kirche sehenswert, ebenso Säulen und Tabernakel aus geschliffenem Kristallglas am Hochaltar.
Die stundenlange Wanderung über Berg und Tal hat uns ermüdet. Was wir in dieser Stille empfinden, hat ein Riesengebirgsdichter in einem Gedicht ausgedrückt:

AUF DER SCHNEEKOPPE

Da oben ist's schön,
Wo in die blaue Luft, in der Wetter Sturm
hinaufragt der alte Kapellenthurm,
Wo der Abgrund sich bodenlos niedersenkt,
Und d'rüber – der Felsen gewaltigster hängt,
Und d'runter – der Sturm durch die Klüfte braust,
Und d'rüber – der Berggeist die Höhen durchsaust!
Da oben ist's schön,
Wo die Felsen stehn
In mächtigen Gruppen zusammengestellt,
Als ruhte darauf der Geister Welt,
Und d'runter der Ströme rauschender Gang!
Wohl wird dem Wand'rer im Herzen bang,
Und dennoch ruft jeder auf luftigen Höh'n,
Der von da hinab in die Lande gesehn:
Da oben ist's schön! –

Uffo Horn

deutsch – polnisch/tschechisch

(p = polnisch / t = tschechisch)

Agnetendorf – *Jagniątków p*
Albendorf – *Albeřice t*
Alte Schlesische Baude – *Pod Łabskim Szczytem p*
Altkemnitz – *Stara Kamienica p*
Arnsberg – *Podgórze p*
Arnsdorf – *Miłków p*
Aupa (Fluß) – *Úpa t*
Aupagruben – *Úpska jáma t*
Aupamoor – *Úpská rašelina t*

Baberhäuser – *Borowice p*
Bad Flinsberg – *Świeradów Zdrój p*
Bad Warmbrunn – *Cieplice Śląskie Zdrój p*
Bärenbaude – *Medvědí bouda t*
Bärhübel – *Medvědín (1235) t*
Berbisdorf – *Dziwiszów p*
Bergschmiede – *Kovárna t*
Berthelsdorf – *Barcinek p*
Bibersteine – *Bobrowe Skały p*
Birkenberge – *Brzezina Przełęcz (525) p*
Birngrütz – *Grudza p*
Blaubach – *Modrý potok t*
Blaugrund – *Modrý důl t*
Blaustein – *Modrý kámen (964) t*
Bliesberg – *Blizbor (722) p*
Blumendorf – *Kwieciszowice p*
Bober – *Bóbr p*
Bober-Katzbach-Gebirge – *Góry Kaczawskie p*
Boberröhrsdorf – *Siedlęcin p*
Bobertalsperre – *Jezioro Pilchowickie p*
Boberullersdorf – *Wrzeszczyn p*
Boberullersdorf, Talsperre – *Jezioro Wrzeszczyńskie p*
Böhmer Weg – *Czeska Ścieżka p*
Böhmische Koppenbaude – *Česká bouda t*
Böhmischer Kamm – *Česká hřeben t*
Bolzenschloß – *Zamek Bolczów p*
Bolzenschloß Jannowitz – *Bolczów p*
Bratsch – *Brocz p*
Bräuerhansensteine – *Borówczane Skały (1010) p*
Bronsdorf – *Broniów p*
Brückenberg – *Bierutowice p*
Brunnberg – *Studniční hora (1554) t*
Brunnbergbauden – *Studniční boudy t*
Buchwald – *Bukowiec p*

Daftebaude – *Moravská bouda t*
Davidsbaude – *Davidova bouda t*
Dreisteine – *Pielgrzymy (1204) p*
Dörrengrund – *Suchý důl t*
Dürrer Hübel – *Rykowisko p*

Eglitz – *Jedlica p*
Elbbrunnen – *Labská studánka t*
Elbe – *Labe t*
Elbfall – *Labský vodopád t*
Elbfallbaude – *Labská bouda t*
Elbgruben – *Labské jámy t*
Elbgrund – *Kotla Łaby p*
Elbgrund – *Labský důl t*
Elbquelle – *pramen Labe t*
Elbtalsperre – *Labská přehrada t*
Elbwiese – *Labská louka t*
Emmaquelle – *Emin pramen t*

Falkenberge – *Góry Sokole p*
Falkenstein – *Sokolník (1334) t*
Fichtig-Lehne – *Smrčinná stráň t*
Finsterstein – *Černá skála (1035) t*
Fischbach – *Karpniki p*
Fischbacher Teiche – *Karpnickie Stawy p*
Forstbauden – *Budniki p*
Forstberg – *Sokolik (642) p*
Franzenthal – *Františkov t*
Freiheit – *Svoboda nad Úpou t*
Friedeberg – *Mirsk p*
Friedrichsthal – *Bedřichov t*
Friesensteine – *Skalnik (945) p*
Fuchsberg – *Liščí hora (1363) t*
Fuchsbergbaude – *Liščí bouda t*

Gebhardsdorf – *Giebułtów p*
Geiergucke – *Výrovka (1356) t*
Giehren – *Gierczyn p*
Giersdorf – *Podgórzyn p*
Giersdorfer Teiche – *Podgórzyńskie Stawy p*
Goldhöhe – *Zlaté návrší t*
Gräberberg – *Grabowiec (784) p*
Gräflich Kunzendorf – *Proszowa (1198) p*
Grenzbauden – *Okraj p*
Grenzbauden (Paß) – *Przełęcz Okraj p*
Grenzbauden – *Pomezní boudy (1046) t*
Grenzkamm – *Pohraniční hřeben t*
Grenzwasser – *Budnicza Struga p*
Gröditzberg – *Grodziec p*
Groß Aupa – *Velká Úpa t*
Große Aupa – *Úpa t*
Groß Iser – *Izerska Hala p*
Große Kesselgrube – *Velká Kotelní jáma t*
Große Lomnitz – *Łomnica p*
Große Sturmhaube – *Velký Šišák (1424) t*
Großer Teich – *Velký Stav t; Wielki Staw p*
Grunau – *Jeżów Sudecki p*

Habichtsbaude – *Jestřábí boudy t*
Hain – *Przesieka p*
Hainfall – *Wodospad Podgórnej p*
Hain- oder Mittelwasser – *Podgórna p*
Hampelbaude – *Strzecha Akademicka p*
Harrachsdorf – *Harrachov t*
Harrachsteine – *Harrachovy kameny t*
Harrachweg – *Harrachova cesta t*
Hauptkamm – *Główny Grzbiet p*
Hauptkamm Katzbachgebirge – *Grzbiet Południowy p*
Haus Wiesenstein – *Dom Warszawianka p*
Heidelberg – *Žalý (1919) t*
Ruine Heinrichsburg – *Zamek Henryk (Grodna) p*
Hermsdorf (Kynast) – *Sobieszów p*
Heuschober – *Stóh (1315) t*
Himmelseiffen – *Czerniawka p*
Hinterberg – *Wysoka Kopa (1126) p*
Hirschberg – *Jelenia Góra p*
Hirschberger Tal – *Kotlina Jeleniogórska p*
Hirschfelsen – *Jeleniec (905) p*
Hochwiesenberg – *Luční hora (1547) t*
Hofbauden – *Dvoračky t*
Hohenelbe – *Vrchlabí t*
Hoher Iserkamm – *Grzbiet Wysoki p*
Hohes Rad – *Vysoké kolo (1506) t; Wielki Szyszak (1506) p*
Hohler Stein – *Rozpadlisko p*

Iser – *Jizera t*
Isergebirge – *Góry Izerskie p*
Isergrund – *Jizerský důl t*
Jakobsthal – *Jakuszyce p*
Jannowitz – *Janowice Wielkie p*
Johannisbad – *Janské Lázně t*
Josephinenhütte – *Huta Julia p*

Jugendkammhaus „Rübezahl" – *Odrodzenie p*

Kahler Berg – *Lysá hora (1344) t*
Kaiserswaldau – *Piastów p*
Kammerswaldau – *Komarno p*
Kammweg, Freundschaftsweg – *cesta československo-polského přátelství t*
Katzenschloß – *Kotki Zamek p*
Katzenstein (Jakobstal) – *Kocierz (929) p*
Kauffung – *Wojcieszów p*
Keilbach – *Malé Labe t*
Keilbauden – *Klínové boudy t*
Kesselgrube – *Kotelní jáma t*
Kesselkoppe – *Kotel (1435) t*
Keuliger Berg – *Buława (877) p*
Kiesewald – *Michałowice p*
Klein Aupa – *Malá Úpa t*
Kleine Aupa – *Malá Úpa t*
Kleine Iser – *Jizerka t*
Kleine Koppe – *Kopa (1375) p*
Kleine Lomnitz – *Łomniczka p*
Kleine Sturmhaube – *Malý Šišák (1440) t; Mały Szyszak p*
Kleine Teichbaude – *Malý Stav bouda t; Samotnia p*
Kleiner Teich – *Malý Stav t; Mały Staw p*
Kleiner Zacken – *Mala Kamienna p*
Kleines Rad – *Tępy Szczyt (1388) p*
Kochelfall – *Wodospad Szklarki p*
Kochelfallbaude – *Kochanówka p*
Kochelhäuser – *Szklarka p*
Kolbendorf – *Lysečiny t*
Kolbenkamm – *Pomezní hřeben t*
Kolbenkamm – *Grzbiet Lasocki p*
Koppenplan – *Równia pod Śnieżka p*
Korallensteine – *Paciorki (1079) p*
Korallensteinweg – *Koralowa Ścieżka p*
Krausebauden – *Labská t*
Kreuzberg – *Krzyżna Góra (654) p*
Krkonosch – *Krkonoš t*
Krobsdorf – *Krobica p*
Krommenau – *Kromnów p*
Krummhübel – *Karpacz p*
Kupferberg – *Miedzianka p*
Burg Kynast – *Chojnik (657) p*
Kynwasser – *Chojniec p*

Landeshut – *Kamienna Góra p*
Landeshuter Kamm – *Rudawy Janowickie p*
Langenau – *Czernica p*
Langenau – *Lánov t*
Langer Grund – *Dlouhý důl t*
Langwasser – *Chmieleń p*
Leischnerbaude – *Růžohorky t*
Liebau – *Lubawka p*
Lomnitz (Ober und Nieder Lomnitz) – *Łomnica p*
Lomnitzfall – *Wodospad Łomniczki p*
Löwenbach – *Jelení potok t*
Ludwigsdorf – *Chrośnica p*
Lukasmühle – *Dom Wycieczkowy p*

Mädelsteg – *Dívčí lávky t*
Mädelsteine – *Dívčí kameny (1414) t*
Maiwaldau – *Maciejowa p*
Mannsteine – *Czeskie Kamienie (1416) p; Mužské kameny t*
Mariannenfels – *Starościnskie Skały p*
Marschendorf – *Maršov t*
Martinsbaude – *Martinova bouda t*
Matzdorf – *Maciejowiec p*
Mauer (Bobertalsperre) – *Pilchowice p*
Melzergrund – *Kocioł Łomniczki p*
Melzergrundbaude – *Nad Mała Łomniczka p*
Melzergrundtal – *Dolina Łomniczka p*
Merzdorf – *Marciszów p*
Michelsdorf – *Miszkowice p*
Mittagsstein – *Słonecznik (1423) p*
Mittelberg – *Prostřední hora t*
Mummel – *Mumlava t*
Mummelberg – *Mumlawski Wierch p*
Mummelfall – *Mumlavský vodopád t*
Mummelgrund – *Mumlavský důl t*

Neue Schlesische Baude – *Hala Szrenicka (1195) p*
Neukemnitz – *Nowa Kamienica p*
Neu Stonsdorf – *Staniszówek p*
Neuwelt – *Nový Svět t*
Nieder Klein Aupa – *Dolní Malá Úpa t*

Ochsengraben – *Přední Labská t*
Obere Kochel – *Górna Szklarka p*
Oberer Aupafall – *Horní úpský vodopád t*
Ober Klein Aupa – *Horní Malá Úpa t*

Pantsche (Fluß) – *Pančava t*
Pantschefall – *Pančavský vodopád t*
Pantschewiese – *Pančavská louka, Pančičká louka t*
Paß Jakobstal – *Przełęcz Sklarska (886) p*
Peterbaude – *Petrovka p; Petrova bouda t*
Petersdorf – *Piechowice p*
Petzer – *Pec pod Sněžkou t*
Pfaffendorf – *Szarocin p*
Pfauenzahl – *Małocin p*
Planur – *Pláň t*
Planur – *Přední Planina (1196) t*
Plattenberg – *Zadní Planina (1423) t*
Pommerndorf – *Strážné t*
Prudelberg – *Witosza (484) p*

Quargsteine – *Tvarožník (1320) p*
Queis – *Kwisa p*
Querseiffen – *Zarzecze p*

Rabenstein – *Krucze Skały p*
Rabishau – *Rębiszów p*
Rauschende Kochel – *Wrzączka p*
Rehorn – *Rychory (1033) t*
Rehornbaude – *Rychorská bouda t*
Rehorngebirge – *Žacléřský hřbet (801) t*
Reibnitz – *Rybnica p*
Reifträgerbaude – *Na Szrenicy p*
Reifträgerloch – *Kocioł Szrenicki p*
Rennerbaude – *Renerova bouda t*
Rennerbauden (hintere) – *Zadní Rennerovky t*
Richterbauden – *Richtrovy boudy t*
Riesenbaude – *Obří bouda t*
Riesengebirge – *Karkonosze p, Krkonoše t*
Riesengebirgs-Nationalpark – *Krkonošsky národní park t; Krkonoski Park Narodowy p*
Riesengrund – *Obří důl t*
Riesenkamm (Koppenkamm) – *Czarny Grzbiet p; Obří hřeben t*
Rochlitz – *Rokytnice nad Jizerou t*
Rohrlach – *Trzcińsko p*
Röhrsdorf – *Rędziny p*
Rosenbach – *Růžový potok t*
Rosenberg – *Růžová hora (1390) t*
Rosengarten – *Różanka (628) p*
Rothenzechau – *Czarnów p*
Rübezahl – *Karkonosz-Liczyrzepa p; Liczyrzepa-Karkonosz p*
Rübezahls Garten – *Krkonošova zahrádka t*
Rübezahls Kegelbahn – *Rówienka p*
Ruhberg Schloß – *Radziwiłłówka p*

Saalberg – *Zachełmie p*
Sankt Peter – *Svatý Petr t*
Sausteine – *Trzy Świnki p*
Schatzlar – *Žacléř t*
Schildau – *Wojanów p*
Schlesierhaus – *Pod Śnieżka p (Dom Śląski)*
Schlingelbaude – *Polana p*
Hochebene der Schlingelbaude – *Polana (1067) p*
Schmiedeberg – *Kowary p*
Schmiedeberger Kamm – *Kowarski Grzbiet (1266) p*
Schneegruben – *Sněžné jámy t; Śnieżne Kotły p*
Schneegrubenbaude – *Sněžné jámy bouda t; Nad Śnieżnymi Kotłami p*
Schneegrubenteiche – *Śnieżne Stawki p*
Schneegrubenwasser – *Wrzosówka p*
Schneekoppe – *Sněžka (1602) t; Śnieżka p*
Schneekoppenbaude – *Snieżka p*
Schreiberhau – *Szklarska Poręba p*
Schüsselbauden – *Mísečky t*
Schützenberg – *Strzelec (755) p*
Schwarzbach – Czarne p
Schwarze (Agnetendorfer) Schneegrube – *Czarny Kocioł (1355) p*
Schwarze Koppe – *Czarna Kopa (1410) p; Svorová hora t*
Schwarzenberg – *Černá hora (1299) t*
Schwarzenthal – *Černý důl t*
Schwarzer Berg – *Czarna Góra (965) p*
Schwarzer Hübel – *Czarna Góra (905) p*
Schwarzer Seifen – *Czarna Plocka p*
Schwarzschlagbaude – *Sokolská bouda t*
Schweizerhaus Fischbach – *Szwajcarka p*

Seidorf – *Sosnówka p*
Seifen (Hain) – *Myja p*
Seifenbach – *Ryžoviště t*
Seifershau – *Kopaniec p*
Seiffenlehne – *Złotówka p*
Seiffersdorf – *Radomierz p*
Silberkamm – *Stříbrný hřbet (1490) t*
Silberwasser – *Srebrny potok p; Stríbrná bystrica t*
Sittau – *Sytová t*
Spaltebaude – *Novopacká bouda t*
Spiegelbauden – *Zrcadlovky t*
Spindlerbaude – *Špindlerova bouda t*
Spindlermühle – *Špindlerův Mlýn t*
Spindlerpaß – *Przełęcz Karkonoszka p*
Städt. Hermsdorf – *Jarkowice p*
Stangenberg – *Grodna (506) p*
Starkenbach – *Jilemnice t*
Steindlberg – *Kamiennik (1296) p*
Steinseiffen – *Ściegny p*
Steinseiffenbach – *Skałka p*
Stepanitz – *Štěpanice t*
Stephansberg – *Staniszówka (439) p*
Stonsdorf – *Staniszów p*
Straupitz – *Strupice p*
Sudetenstraße – *Droga Sudecka p*

Tafelstein – *Skalny Stół (1281) p*
Tannwasserfall – *Wodospad Bierutowice p*
Teichmannsbaude – *Orlinek p*
Teufelsberg – *Čertova hora (1022) t*
Teufelsgrat – *Čertův hřeben t*
Teufelsgrund – *Čertův důl t*
Teufelswiese – *Čertova louka t*
Thumpsahüttenstein – *Szwedzkie Skały p*
Tiefhartmannsdorf – *Podgórki p*
Töpferbauden – *Hrnčířské boudy t*
Trautenau – *Trutnov t*
Trautenbach – *Babí t*
Turmsteine – *Baszty Skalne p*

Veilchenspitze – *Łabski Szczyt (1471) p; Violík (1472) t*
Viktoriahöhe – *Polana Izerska (1001) p*
Vogelstein – *Ptáčí kámen (1310) t*
Voigtsdorf – *Wojcieszyce p*

Walschebauden – *Vlašské boudy t*
Waltersdorf – *Valteřice t*
Weberbauden – *Vrbrovy boudy t*
Weiberberg – *Babiniec (985) p*
Weißbach (Oberschreiberhau) – *Bieleń p*
Weißbachtal – *Biała Dolina p*
Weiße Steine – *Białe Skały (1135) p*
Weiße Wiese – *Bílá louka t*
Weißwasser – *Bílé Labe t*
Weißwassergrund – *Důl Bílého Labe t*
Weißwassergrundbaude – *Bílého Labe bouda t*
Talsperre Weltende – *Jezioro Modre p*
Wernersdorf – *Pakoszów p*
Wiesenbaude – *Luční bouda t*
Witkowitz – *Vítkovice t*
Wolfshau – *Wilcza Poręba p*
Wosseckerbaude – *Vosecká bouda t*
Wosseckerweg – *Vosecká cesta t*

Zackelfall – *Wodospad Kamieńczyka p*
Zackental – *Dolina Kamienna p*
Zehbach – *Zelený potok t*
Zehgrund – *Zelený důl t*
Zehgrundbauden – *Zelené boudy t*
Ziegenrücken – *Kozí hřbety t*
Ziegenstein – *Kozie Skały p*
Zillerthal-Erdmannsdorf – *Mysłakowice p*

polnisch/tschechisch – deutsch
(p = polnisch / t = tschechisch)

Albeřice t – Albendorf

Babí t – Trautenbach
Babiniec (985) p – Weiberberg
Barcinek p – Berthelsdorf
Baszty Skalne p – Turmsteine
Bedřichov t – Friedrichsthal
Biała Dolina p – Weißbachtal
Białe Skały (1135) p – Weiße Steine
Bieleń p – Weißbach
Bierutowice p – Brückenberg
Bílá louka t – Weiße Wiese
Bílé Labe t – Weißwasser
Bílého Labe bouda t – Weißwassergrundbaude
Blizbor (722) p – Bliesberg
Bobrowe Skały p – Bibersteine
Bolczów p – Bolzenschloß Jannowitz
Borowice p – Baberhäuser
Borówczane Skały (1010) p – Bräuerhansensteine
Bóbr p – Bober
Brocz p – Bratsch
Broniów p – Bronsdorf
Brzezina Przełęcz (525) p – Birkenberg
Budnicza Struga p – Grenzwasser
Budniki p – Forstbauden
Bukowiec p – Buchwald
Buława (877) p – Keuliger Berg

cesta československo-polského přátelství t – Kammweg, Freundschaftsweg
Chmieleń p – Langwasser
Chojniec p – Kynwasser
Chojnik (675) p – Burg Kynast
Chrośnica p – Ludwigsdorf
Cieplice Śląskie Zdrój p – Bad Warmbrunn
Czarna Góra (905) p – Schwarzer Hübel
Czarna Góra (965) p – Schwarzer Berg
Czarna Kopa (1410) p – Schwarze Koppe
Czarna Plocka p – Schwarzer Seifen
Czarne p – Schwarzbach
Czarnów p – Rothenzechau
Czarny Grzbiet p – Riesenkamm (Koppenkamm)
Czarny Kocioł p – Schwarze (Agnetendorfer) Schneegrube
Czerniawka p – Himmelseiffen
Czernica p – Langenau
Czeska Ścieżka p – Böhmer Weg
Czeskie Kamienie (1416) p – Mannsteine
Czolo (869) p – Stirnberg
Černá hora (1299) t – Schwarzenberg
Černá skála (1035) t – Finsterstein
Černý důl t – Schwarzenthal
Čertova hora (1022) t – Teufelsberg
Čertova louka t – Teufelswiese
Čertův důl t – Teufelsgrund
Čertův hřeben t – Teufelsgrat
Česká bouda t – Böhmische Koppenbaude
Česká hřeben t – Böhmischer Kamm
Davidova bouda t – Davidsbaude
Dívčí kameny (1414) t – Mädelsteine
Dívčí lávky t – Mädelsteg
Dlouhý důl t – Langer Grund
Dolina Kamienna p – Zackental
Dolina Łomniczka p – Melzergrundtal
Dolní Malá Úpa t – Nieder Klein Aupa
Dom Warszawianka p – Haus Wiesenstein
Dom Wycieczkowy p – Lukasmühle
Droga Sudecka p – Sudetenstraße
Důl Bílého Labe t – Weißwassergrund
Dvoračky t – Hofbauden
Dziwiszów p – Berbisdorf

Emin pramen t – Emmaquelle

Františkov t – Franzenthal

Giebułtów p – Gebhardsdorf
Gierczyn p – Giehren
Główny Grzbiet p – Hauptkamm

Górna Szklarka p – Obere Kochel
Góry Izerskie p – Isergebirge
Góry Kaczawskie p – Bober-Katzbach-Gebirge
Góry Sokole p – Falkenberge
Grabowiec (748) p – Gräberberg
Grodna (506) p – Stangenberg
Grodziec p – Gröditzberg
Grudza p – Birngrütz
Grzbiet Lasocki p – Kolbenkamm
Grzbiet Południowy p – Hauptkamm Katzbachgebirge
Grzbiet Wysoki p – Hoher Iserkamm

Hala Izerska p – Groß Iser
Hala Szrenicka (1195) p – Neue Schlesische Baude
Harrachov t – Harrachsdorf
Harrachova cesta t – Harrachweg
Harrachovy kameny t – Harrachsteine
Horní Malá Úpa t – Ober Klein Aupa
Horní úpsky vodopád t – Oberer Aupafall
Hrnčírské boudy t – Töpferbauden
Huta Julia p – Josephinenhütte

Jagniątków p – Agnetendorf
Jakuszyce p – Jakobsthal
Janowice Wielkie p – Jannowitz
Janské Lázně t – Johannisbad
Jarkowice p – Städtisch Hermsdorf
Jedlica p – Eglitz
Jelenia Góra p – Hirschberg
Jeleniec (905) p – Hirschfelsen
Jelení hora (1172) t – Löwenberg
Jelení potok t – Löwenbach
Jestřábí boudy t – Habichtsbauden
Jezioro Modre p – Talsperre Weltende
Jezioro Pilchowickie p – Bobertalsperre
Jezioro Wrzeszczyńskie p – Talsperre Boberullersdorf
Jeżów Sudecki p – Grunau
Jilemnice t – Starkenbach
Jizera t – Iser
Jizerka t – Kleine Iser
Jizerský důl t – Isergrund

Kamienna Góra p – Landeshut
Kamiennik (1296) p – Steindlberg
Kamieńczyk p – Zackerle
Karkonosze p – Riesengebirge
Karkonoski Park Narodowy p – Riesengebirgs-Naturschutzpark
Karkonosz-Liczyrzepa p – Rübezahl
Karpacz p – Krummhübel
Karpnickie Stawy p – Fischbacher Teiche
Karpniki p – Fischbach
Klínové boudy t – Keilbauden
Kochanówka p – Kochelfallbaude
Kocierz (929(p – Katzenstein
Kocioł Łomniczki p – Melzergrund
Kocioł Szrenicki p – Reifträgerloch
Komarno p – Kammerswaldau
Kopa (1375) p – Kleine Koppe
Kopaniec p – Seifershau
Koralowa Ścieżka p – Korallensteinweg
Kotel (1435) t – Kesselkoppe
Kotelní jáma t – Kesselgrube
Kotki Zamek p – Katzenschloß
Kotlina Jeleniogórska p – Hirschberger Tal
Kotła Łaby p – Elbgrund
Kovárna t – Bergschmiede
Kowarski Grzbiet (1266) p – Schmiedeberger Kamm
Kowary p – Schmiedeberg
Kozie Skały p – Ziegenstein
Krkonoš t – Krkonosch
Krkonoše t – Riesengebirge
Krkonošova zahrádka t – Rübezahls Garten
Krkonošsky národni park t – Riesengebirgs-Nationalpark
Krobica p – Krobsdorf
Kromnów p – Kommenau
Krucze Skały p – Rabenstein
Krzyżna Góra (654) p – Kreuzberg
Kwieciszowice p – Blumendorf
Kwisa p – Queis

Labe t – Elbe
Labská t – Krausebauden
Labská bouda t – Elbfallbaude
Labská louka t – Elbwiese
Labská přehrada t – Elbtalsperre
Labská studánka t – Elbbrunnen
Labské jámy t – Elbgruben
Labský důl t – Elbgrund
Labský vodopád t – Elbfall
Lánov t – Langenau
Liczyrzepa-Karkonosz p – Rübezahl
Lisie Skały p – Korallenfels
Liščí bouda t – Fuchsbergbaude
Liščí hora (1363) t – Fuchsberg
Lubawka p – Liebau
Luční bouda t – Wiesenbaude
Luční hora (1547) t – Hochwiesenberg
Lysá hora (1344) t – Kahler Berg
Lysečiny t – Kolbendorf
Łabski Szczyt (1471) p – Veilchenspitze
Pod Łabskim Szczytem p – Alte Schlesische Baude
Łomnica p – Große Lomnitz
Łomnica p – Lomnitz (Ober und Nieder Lomnitz)
Łomniczka p – Kleine Lomnitz

Maciejowa p – Maiwaldau
Maciejowiec p – Matzdorf
Malá Labe t – Keilbach
Malá Úpa t – Klein Aupa
Malá Úpa t – Kleine Aupa
Malý Stav p – Kleiner Teich
Malý Stav bouda t – Kleine Teichbaude
Malý Šišák (1440) p – Kleine Sturmhaube
Mała Kamienna p – Kleiner Zacken
Nad Małą Łomniczką p – Melzergrundbaude
Małocin p – Pfauenzahl
Mały Staw p – Kleiner Teich
Mały Szyszak (1449) p – Kleine Sturmhaube
Marciszów p – Merzdorf
Maršov t – Marschendorf
Martinova bouda t – Martinsbaude
Medvědí bouda t – Bärenbaude
Medvědín (1235) t – Bärhübel
Michałowice p – Kiesewald
Miedzianka p – Kupferberg
Milków p – Arnsdorf
Mirsk p – Friedeberg
Miszkowice p – Michelsdorf
Mísečky t – Schüsselbauden
Modrý důl t – Blaugrund
Modrý kámen (964) t – Blaustein
Modrý potok t – Blaubach
Moravská bouda t – Daftebaude
Mumlava t – Mummel
Mumlavský důl t – Mummelgrund
Mumlavský vodopád t – Mummelfall
Mumlawski Wierch (1219) p – Mummelberg
Mužské kameny (1416) t – Mannsteine
Myja p – Seifen oberhalb Hain
Mysłakowice p – Zillerthal-Erdmannsdorf
Novopacká bouda t – Spaltebaude
Nový Svět t – Neuwelt
Nowa Kamienica p – Neukemnitz

Obří bouda t – Riesenbaude
Obří důl t – Riesengrund
Obří hřeben t – Riesenkamm
Odrodzenie p – Jugendkammhaus „Rübezahl“
Okraj p – Grenzbauden
Orlinek p – Teichmannsbaude

Paciorki (1079) p – Korallensteine
Pakoszów p – Wernersdorf
Pančava t – Pantsche (Fluß)
Pančavská louka (Pančičká louka) t – Pantschewiese
Pančavský vodopád t – Pantschefall
Pec pod Sněžkou t – Petzer
Petrova bouda t; Petrovka p – Peterbaude
Piastów p – Kaiserswaldau
Piechowice p – Petersdorf
Pielgrzymy (1204) p – Dreisteine
Pilchowice p – Mauer (Bobertalsperre)
Pláň (1196) t – Planur
Podgórki p – Tiefhartmannsdorf
Podgórna p – Hain- od. Mittelwasser
Podgórze p – Arnsberg
Podgórzyn p – Giersdorf
Podgórzyńskie Stawy p – Giersdorfer Teiche
Pod Łabskim Szczytem p – Alte Schlesische Baude
Pohraniční hřeben t – Grenzkamm
Polana (1067) p – Hochebene der Schlingelbaude
Polana p – Schlingelbaude

Polana Izerska (1001) p – Viktoriahöhe
Pomezní boudy (1046) t – Grenzbauden
Pomezní hřeben t – Kolbenkamm
Pramen Labe t – Elbquelle
Prostřední hora t – Mittelberg
Proszowa p – Gräflich Kunzendorf
Przełęcz Karkonoszka p – Spindlerpaß
Przełęcz Okraj p – Grenzbauden
Przełęcz Sklarská (886) p – Paß bei Jakobstal
Przesieka p – Hain
Přední Labská t – Ochsengraben
Přední Planina (1196) t – Planur
Ptáčí kámen (1310) t – Vogelstein

Radomierz p – Seiffersdorf
Radziwiłłowka p – Schloß Ruhberg
Rennerova bouda t – Rennerbaude
Rennerovky t – Hintere Rennerbauden
Rębiszów p – Rabishau
Rędziny p – Röhrdorf
Richtrovy boudy t – Richterbauden
Rokytnice nad Jizerou t – Rochlitz
Rozpadlisko p – Hohler Stein
Rówienka p – Rübezahls Kegelbahn
Równia pod Śnieżka p – Koppenplan
Różanka (628) p – Rosengarten
Rudawy Janowickie p – Landeshuter Kamm
Růžohorky t – Leischnerbaude
Růžová hora (1390) t – Rosenberg
Růžový potok t – Rosenbach
Rybnica p – Reibnitz
Rychorská bouda t – Rehornbaude
Rychory (1033) t – Rehorn
Rykowisko p – Dürrer Hübel
Rýžoviště t – Seifenbach

Samotnia p – Kleine Teichbaude
Siedlęcin p – Boberröhrsdorf
Skalka p – Steinseiffenbach
Skalnik (945) p – Friesensteine
Skalny Stół (1281) p – Tafelstein
Słonecznik (1423) p – Mittagssteine
Smogornia (1490) p – Silberkamm
Smrčinná stráň t – Fichtig-Lehne
Sněžka (1602) t – Schneekoppe
Sněžné jámy t – Schneegruben
Sněžné jámy bouda t – Schneegrubenbaude
Sobieszów p – Hermsdorf (Kynast)
Sokole Góry p – Falkenberge
Sokolik (642) p – Forstberg (Falkenberge)
Sokolník (1334) t – Falkenstein
Sokolská bouda t – Schwarzschlagbaude
Sosnówka p – Seidorf
Srebrny Potok p – Silberwasser
Staniszów p – Stonsdorf
Staniszówek p – Neu Stonsdorf
Staniszówka (439) p – Stephansberg
Stara Kamienica p – Altkemnitz
Starościńskie Skały (719) p – Mariannenfels

Stóh (1315) t – Heuschober
Strážné t – Pommerndorf
Strupice p – Straupitz
Strzecha Akademicka p – Hampelbaude
Strzelec (755) p – Schützenberg
Stříbrná bystrica t – Silberwasser
Stříbrný hřbet (1490) t – Silberkamm
Studniční boudy t – Brunnbergbauden
Studniční hora (1554) t – Brunnberg
Suchý důl t – Dörrengrund
Svatý Petr t – St. Peter
Svoboda nad Úpou t – Freiheit
Svorová hora (1410) t – Schwarze Koppe
Szarocin p – Pfaffendorf
Szklarka p – Kochelhäuser
Szklarka p – Kochel
Szklarska Poręba p – Schreiberhau
Na Szrenicy p – Reifträgerbaude
Szwajcarka p – Schweizerhaus Fischbach
Szwedzkie Skały p – Thumpsahüttenstein
Sytová t – Sittau
Ściegny p – Steinseiffen
Śląskie Kamienie (1414) p – Mädelsteine
Śnieżka (1602) p – Schneekoppe
Śnieżka p – Schneekoppenbaude
Pod Śnieżka p – Schlesierhaus *(Dom Śląski)*
Śnieżne Kotły p – Schneegruben
Śnieżne Stawki p – Schneegrubenteiche
Nad Śnieżnymi Kotłami p – Schneegrubenbaude
Świeradów Zdrój p – Bad Flinsberg
Špindlerova bouda t – Spindlerbaude
Špindlerův Mlýn t – Spindlermühle
Štěpanice t – Stepanitz

Tępy Szczyt (1388) p – Kleines Rad
Trutnov t – Trautenau
Trzcińsko p – Rohrlach
Trzy Świnki p – Sausteine
Twarożnik (1320) p – Quargsteine

Úpa t – Groß Aupa
Úpa t – Aupa (Fluß)
Úpská jáma t – Aupagrund
Úpská rašelina (1400) t – Aupamoor

Valteřice t – Waltersdorf
Vebrovy boudy t – Weberbauden
Velká Kotelní jáma t – Große Kesselgrube
Velká Úpa t – Groß Aupa
Velký Stav t – Großer Teich
Velký Šišák (1424) t – Große Sturmhaube
Violík (1472) t – Veilchenspitze
Vitkovice t – Witkowitz
Vlašské boudy t – Walschebauden
Vosecká bouda t – Wosseckerbaude
Vosecká cesta t – Wosseckerweg
Vrchlabí t – Hohenelbe
Vysoké kolo (1506) t – Hohes Rad
Výrovka (1356) t – Geiergucke

Wielki Staw p – Großer Teich
Wielki Szyszak (1506) p – Hohes Rad
Wilcza Poręba p – Wolfshau
Witosza (484) p – Prudelberg
Wodospad Bierutowice p – Tannwasserfall
Wodospad Kamieńczyka p – Zackelfall
Wodospad Łomniczki p – Lomnitzfall
Wodospad Podgórnej p – Hainfall
Wodospad Szklarki p – Kochelfall
Wojanów p – Schildau
Wojcieszów p – Kauffung
Wojcieszyce p – Voigtsdorf
Wrzączka p – Rauschende Kochel
Wrzeszczyn p – Buberullersdorf
Wrzosówka p – Schneegrubenwasser
Wysoka Kopa (1126) p – Hinterberg

Zachełmie p – Saalberg
Zadní Planina (1423) t – Plattenberg
Zamek Bolczów p – Bolzenschloß
Zamek Henryk (Grodna) p – Ruine Heinrichsburg
Zarzecze p – Querseiffen
Zelené boudy t – Zehgrundbauden
Zelený důl t – Zehgrund
Zelený potok t – Zehbach
Zlaté návrší (1333) t – Goldhöhe
Złotówka p – Seiffenlehne
Zrcadlovky t – Spiegelbauden
Žacléř t – Schatzlar
Žacléřsky hřbet (801) t – Rehorngebirge
Žalý (1019) t – Heidelberg

BILDERVERZEICHNIS

BILDNACHWEIS

F. Heinrich: 74, 79, 89, 105, 106, 108/109, 111, 124, 125, 127, 128, 131, 133, 134, 142, 145, 164; F. Iser: 77, 143; P. Johannessohn: 94, 166; H. Kompalka: 113, 138, 144, 147, 154; W. Lambert: 73, 76, 80–85, 90–93, 95–100, 107, 149–153, 155–163, 165, 167, 168; A. Neumann: 116, 120, 136; H. Oberleitner: 117, 135; S. Postel: 132; B. Reitz: 86–88, 101, 102, 114, 115, 118, 119, 121–123, 126, 130, 137, 139, 146; H. Saukel: Titelbild, 75, 78, 103, 104, 110, 112, 129, 140, 141, 148.

ZEICHNUNGEN

Bayer, W.: 10; Bibliographisches Institut: 8; Helwig, M.: 36, 44; Hinz, Johannes: 16, 24, 27, 28, 31, 33–35, 39, 40, 43, 53, 56, 58, 60–63, 65; Schnabel, A.: 21; Schönecker, T.: 19; Teodorescu-Klein, T.: 22; Wissner, R.: 34, 45, 49, 50; Timmermann, B.: 64; alte Vorlagen: alle übrigen Zeichnungen.

73 Ein himmelansteigender Pfad, zusammengefügt aus Gesteinsbrocken. Wer ihn wählt, um auf den Kamm zu gelangen, dem erschließt sich am Ziel sein privates Himmelreich, seien es Erinnerungen oder das Glücksgefühl, so viel Schönheit erleben zu dürfen. Der Weg beginnt in Schreiberhau als Jos. Partschweg und führt vorbei am Kochelfall und an der »Dürren Kochel«. Will man ihn von Agnetendorf her erreichen, wählt man den Leiterweg, von dem der Korallenweg abzweigt, der oberhalb des Schneegrubenwassers auf den Kamm führt. Er verläuft an der Agnetendorfer Schneegrube.

74 Aus den Jahren um die Jahrhundertwende stammt diese Ansichtskarte. Sie gibt einen Hinweis auf die Blütezeit des Fremdenverkehrs im Riesengebirge. Auf der Schneekoppe befand sich die höchste reichsdeutsche Postanstalt, wo der Koppenwächter Johann Kirchschlager zugleich den Dienst in der deutschen und in der böhmischen Agentur versah. Außerdem hatte er das Telegraphenamt inne und war auch Leiter der meteorologischen Station. Im August des Jahres 1900 wurden in einer Woche auf der Schneekoppe 10228 Ansichtskarten abgestempelt und mit Boten hinabgebracht.

75 Kammhöhen sind kein Paradies für Tiefschneefahrer. Harsch, Schneesturm und Nebel machen den Genuß zum Abenteuer und eine Baude zur Herberge der höchsten Glückseligkeit. Die erste SCHNEEGRUBENBAUDE wurde 1837 unter Schaffgotscher Herrschaft erbaut. Nach Blitzeinschlägen 1890 und 1892 wurde ein fester Neubau nötig, der bis 1945 ein bekanntes Bild war. Der trutzige Turm aus dicken Steinquadern hatte einen eingebauten Marinescheinwerfer, der Lichtsignale gab, vor allem bei Nebel. Der heutige Fernsehsendeturm wirkt ziemlich unharmonisch.

76 Unvergeßlich bleibt solch ein Blick in die zerklüfteten Granitbecken der SCHNEEGRUBEN, die einst von großen Gletschern bedeckt waren. Glasklare Seen, die Kochelteiche, grüßen herauf und erinnern daran, daß in einem vergangenen Erdzeitalter Riesenkräfte dieses Gebirge so geformt haben. Drei Schneegruben blieben hier zurück: die Große und die Kleine Schneegrube sowie unterhalb der Großen Sturmhaube die weniger bekannte Schwarze oder auch Agnetendorfer Schneegrube. Im Schutz dieser immer noch unberührten und wilden Natur gedeihen bis heute viele und seltene Pflanzen.

77 Auf den unberührten Hochflächen finden sich abseits der Wanderwege unzählige tiefgründige Moortümpel, in denen sich das Knieholz, der Himmel und oft auch die Berge widerspiegeln. Dieser hier liegt auf der Südseite des HOHEN RADES, das mit seinen 1509 m die höchste Erhebung des Schlesischen Kammes und die zweithöchste des ganzen Gebirges ist. Zwischen den schwarzen Wasseraugen wächst der »Wolf«, das harte Gras, das nur in drei Sommern so hoch wird, daß es geschnitten werden kann, nachdem sich viel zu früh immer wieder eine dichte Schneedecke darüber gelegt hat.

78 Diese Skiwanderer auf der GOLDHÖHE (1430 m) erwartet eine schöne Abfahrt zu den Schüsselbauden. Ein großartiges Panorama in winterlicher Pracht entfaltet sich vor ihnen: links die Kleine Sturmhaube mit dem Spindlerpaß, dann der Ziegenrücken, die Geiergucke und der Brunnberg. Ganz in der Nähe hat Rübezahl seinen »Rosengarten« an der Kesselgrube eingerichtet. Das machte auf uns als Kinder einen großen Eindruck und sorgte sogar für Herzklopfen. Schickte uns der Berggeist ein unerwartetes Schneetreiben, dann sausten wir wie der Wind hinab nach Spindlermühle.

79 Ohne die beherrschende Goldhöhe im Hintergrund erinnerten die Stufen des PANTSCHEFALLES mit ihren gewaltigen Felsblöcken an antike Ausgrabungen. Hier kommen viele kleine Quellwasser von der Pantschewiese zusammen und stürzen fast 300 m tief in den Elbgrund hinab. Unermeßliche Kräfte müssen am Werk gewesen sein, um diesen Felsenkessel auszuwaschen. Hier ist die Landschaft atemberaubend schön, sie steckt voller Geheimnisse. Das Wolfsblatt – das Orakel der Einsamkeit – soll hier wachsen. Niemand kennt es genau, doch jeder erschrickt, der es findet.

80 Zwischen Zackelfall und Reifträger liegt die 1787 erbaute NEUE SCHLESISCHE BAUDE am »Böhmischen Steig«, der wegen der Schmuggler auch »alter Paschweg« genannt wurde. Die Zackelfallbaude ist vor Jahren abgebrannt, weil dorthin kein Löschfahrzeug gelangen konnte. Doch in der Neuen Schlesischen Baude findet man auch heute Gastlichkeit. Unweit davon, doch schwerer zugänglich, liegt die über 100 Jahre früher erbaute Alte Schlesische Baude. In der Hütte, die an ihrer Stelle gestanden hatte, verbargen sich Pascher (Schmuggler) und evangelische Glaubensflüchtlinge.

81 Der KOCHELFALL in der Nähe von Schreiberhau besticht durch seine Schönheit, obwohl er nur knapp 20 m tief in eine Schlucht stürzt. Durch Einfall des Lichtes erglänzen die Wassertropfen in allen Regenbogenfarben. Daraus zog man von alters her Gewinn. Harfenklänge begrüßten die Fremden, für die die Pächter das vorher gestaute Wasser effektvoll stürzen ließen. Oberhalb dieses romantischen Falles gibt es noch einen kleineren Kochelfall, der sich über eine glatte, breite Felswand spiegelhell herabstürzt. Die Zuflüsse kommen aus den Kochelteichen der Kleinen Schneegrube (die »Rauschende« und die »Flinke Kochel«), die unterhalb des Korallenfelsens in den Kochelfall münden. Die Sage berichtet, daß der Frau eines Pächters der »grüne Jäger« erschienen sei. Sie warnte ihn – und stürzte selbst in den Fall. Verdankte sie ihre wunderbare Rettung dem Jäger oder Rübezahl?

82 Die Künstlervereinigung St. Lukas wurde 1922 gegründet und hatte in der LUKASMÜHLE im Weißbachtal von Oberschreiberhau ihre Ausstellungsräume. Franz von Jakkowski betreute die bildenden Künstler, unter den Ausstellenden fanden sich bekannte Namen: Cirillo Dell' Antonio und Helmut Benna, Holzbildhauer, Alexander Pfohl, Glaskunst, die Maler A. Wasner, R. Hacke, G. Wichmann und E. Oberländer sowie die Radierer F. Iwan, E. Fuchs und P. Aust. Große künstlerische Vielfalt hatte in der Lukasmühle damals eine Heimat, heute ist für die Kunst dort kein Platz.

83 SCHREIBERHAU ist eines der ältesten Gebirgsdörfer und wurde urkundlich schon 1366 als »Schribirshau« genannt, als hier die erste Glashütte entstand. Weltberühmtheit erlangte der Ort durch die Glaskunst der Josephinenhütte, die im Jahre 1841 im Auftrag des Grafen Schaffgotsch erbaut wurde. Es hieß, daß Schreiberhau mit seiner Ausdehnung über 20 Kilometer das längste bekannte Dorf sei, wobei ein Höhenunterschied von 905 m zu überwinden war, da auch einige Bauden auf dem Kamm zur Gemeinde gehörten. Der Hochstein (rechts, 1058 m) gilt als der Hausberg des Kurortes.

84 Über 100 Jahre Wintersport und Kurbetrieb sind in SCHREIBERHAU nachzuweisen. Auf der Himmelsgrundschanze maßen die Skispringer ihr Können, die Bob- und Rodelbahnen hatten einen guten Ruf. In den zwanziger Jahren besannen sich die Schreiberhauer auf ihr kulturelles Erbe und feierten in alten Trachten jährlich die »Preußlerhuxt« als Heimatfest. Auch heute gilt der Ort als eines der wichtigsten Touristenziele, mit guten Verkehrsverbindungen von Hirschberg aus und einem Sessellift zum Reifträger. Aus der Josephinenhütte geht das Glas weit in die ganze Welt.

85 ALTKEMNITZ, ein typisches Bauerndorf im Riesengebirgsvorland, liegt an der Bahnlinie von Hirschberg nach Greiffenberg. Die alte Brücke führt über den Dorfbach, von dessen einstigem Forellenreichtum berichtet wird. Alt- und Neukemnitz waren beliebte Ausflugsziele für Wanderungen von Hirschberg oder von Bad Warmbrunn aus. Hinter dem Ottilienberg liegt Gotschdorf, dann kommt Reibnitz, in dessen Nähe es ein Wäldchen namens »Lausepelz« gab. Von Altkemnitz aus erreicht man über die Orte Krommenau und Seifershau den Zackenkamm und auch den Kemnitzkamm.

86 Überall ist der alte Berggeist gegenwärtig, wie aus den vielen Bezeichnungen mit dem Namen Rübezahl hervorgeht. Dies ist seine FRÜHSTÜCKSHALLE, oberhalb der Kleinen Mummel, zwischen Plechkamm und Mummelwiese in 1119 m Höhe. So kann der Alte beim Frühstück alles recht gut übersehen, auch, ob sich ein fürwitziger Wanderer ungebeten in seinen 30 Minuten entfernten »Rosengarten« am Rande der Kesselgrube wagt, auf der Suche nach seltenen Pflanzen! Wer nun beabsichtigt, in »Rübezahls Frühstückshalle« eine kräftige Brotzeit zu halten, der erreicht diesen Platz von Harrachsdorf aus über den Harrachweg, der durch den Mummelgrund bis zum Elbfall führt. Aus entgegengesetzter Richtung erreicht man ihn über den Plechkammweg, von der Wosseckerbaude her. Dieser Weg führt durch das »Große Bruch« südlich der Kranichwiese. Botanische Seltenheiten wachsen zwischen den vielen winzigen Moorseen neben dem Weg. Jeder, der hierher kommt, welche Sprache er auch spricht, ist aufgerufen, diese einmalige Landschaft zu schützen, damit sie noch lange so erhalten bleibt.

87 Der MUMMELGRUND gilt als einer der anmutigsten Talgründe des Gebirges. Am einfachsten ist er von Harrachsdorf aus zu erreichen, vorbei an der Mummelfallbaude, die Gastlichkeit bietet. Auf dem sogenannten »Harrachschen Reitweg« lassen sich leicht die Wander- oder Skigebiete auf den Mummelwiesen oder um Plechkamm und Kesselkoppe erreichen. Eine reiche Vegetation nimmt den Wanderer gefangen, der immer wieder die tosenden Zuflüsse der Mummel wie das »Adler-Floß«, das »Steinigte Floß« und den Wildbach von der Kesselkoppe überqueren muß. Auch kommt man durch den Mummelgrund in das große, gekennzeichnete Naturschutzgebiet. Es zieht sich von der Mummelwiese über das große Bruch und die Kranichwiese nach Norden hin und erstreckt sich auf der anderen Seite von der Kesselkoppe an über das Elbegebiet und die Siebengründe bis zur Weißwassergrundbaude mit einem Teil des Silberkammes und des Ziegenrückens. Dort trifft man auf die Reste der Urwälder, in denen noch vor 100 Jahren Farne die Höhe von 1,50 m erreichten, als wäre das ein Märchenwald.

88 Aus der um 1712/13 gegründeten Glashütte Harrachsdorf-Neuwelt ging das Böhmische Glas hinaus in alle Welt. Es war im ausgehenden 17. Jahrhundert durch Schmelzen eines bis dahin unbekannten Kaliglases entstanden. Im Museum zu HARRACHSDORF stehen viele funkelnde Pokale und Gläser, mit kunstvollem Schliff und Gravur, die vom Können der dortigen Glasschleifer Kunde geben. Unter der Herrschaft der österreichischen Krone war der Austausch von Glasschneidern zwischen der Josephinenhütte in Oberschreiberhau und Neuwelt-Harrachsdorf rege und lebhaft.

89 Sehenswert ist in der Pfarrkirche von HARRACHSDORF ein großer Kronleuchter aus geschliffenem, funkelndem Bleikristall. Der Ort liegt 704 m hoch und hat heute zusammen mit dem eingemeindeten Ortsteil Neuwelt 1300 Einwohner – ein idealer Ausgangspunkt für Wanderungen. Auch der Skisport ist hier seit über 100 Jahren zu Hause. Bereits 1920 wurde am Teufelsberg die erste Sprungschanze Tschechiens gebaut, und zwar auf Betreiben des deutschen und österreichischen Skimeisters Kurt Endler sowie des Lambert Erlebach, Sohn des Wirtes in der Elbfallbaude.

90 AGNETENDORF unter den Schneegruben und der große schlesische Dichter Gerhart Hauptmann sind ein Begriff. Sein Haus »Wiesenstein«, so benannt nach den vielen Steinen, die auf dem Baugrund lagen, wurde nach seinen Plänen erbaut. Der Charakter des Gebäudes – halb Burg, halb Schloß – zeigt sich in dieser Halle mit den Säulenbögen und Galerien. Wegen ihrer farbenprächtigen Ornamentik wurde sie »Paradieshalle« genannt, geschaffen von dem Maler Johann M. Avenarius. Er fügte der Blütenpracht unzählige Symbole und Themen Hauptmannscher Dichtung ein. Es heißt, diese sinnliche Farbenfreude sei für den Dichter eine ständige Quelle schöpferischer Kraft für Stunden der Stille gewesen, aber auch stilvolle Kulisse für rauschende Feste. Am 6. Juni 1946 starb er hier an einer Lungenentzündung. Sein letztes Wort: »Bin ich noch in meinem Hause?« ist überliefert, doch durfte er nicht in seiner Heimaterde ruhen. Sein Grab liegt auf der Ostseeinsel Hiddensee, bewacht von einem Granitblock und einer kleinen Tanne des Wiesensteines. Das Dichterhaus wird heute als Kinderheim genutzt.

91 Abseits der Hauptferienstraße nach Schreiberhau liegt in einer sanften Talmulde KAISERSWALDAU. Früher pries der Bürgermeister sein schmuckes Bauerndorf als Sommerfrische an, heute ist dort kaum eine gute Unterkunft zu finden. Doch wer einen stillen Ausflug in die dörfliche Umgebung des Vorgebirges schätzt, der wird mit einem großartigen Panoramablick belohnt: Rechts schiebt sich der Kemnitzkamm zwischen das Hochgebirge und das Hirschberger Tal. Er läuft aus in den Zackenkamm, an dessen Endpunkt sich als markante Silhouette die 634 m hohen Bibersteine erheben.

92 Als vor der Jahrhundertwende die Bahnlinie bis nach PETERSDORF führte, nahm der Ort einen großen Aufschwung und wurde zu einem Zentrum der schlesischen Bleikristallherstellung. Er soll mit einer Glashütte bereits vor 1400 bestanden haben. Inzwischen ist Petersdorf zur Stadt erhoben worden und zählt um die 5000 Einwohner. Es liegt am Zacken, der oberhalb der Alten Schlesischen Baude entspringt und brav die Petersdorfer Mühlen antrieb – bis er jedes Jahr mit dem Frühjahrshochwasser die Anrainer wieder das Fürchten lehrte. Es gibt hier sehr schöne Wanderwege.

93 Im Gebirgsvorland, nahe den Dörfern Hermsdorf und Saalberg, erhebt sich auf steilabfallendem Fels in 627 m Höhe die Burgruine KYNAST. Sie hat sich seit 1675 kaum verändert, als der Blitz in einen Turm einschlug und die Burg einäscherte. Bis dahin war sie Wohnsitz der Grafen Schaffgotsch, die dann hinab nach Bad Warmbrunn zogen. Hier ist noch der alte Hungerturm mit einem Stück der Burgmauer zu sehen. Herzog Bolko I. von Schweidnitz erbaute sich 1278 auf dem Kynast ein Jagdschloß, denn die tiefen Wälder des Riesengebirges verfügten über einen großen Wildreichtum.

94 Bereits im 17. Jahrhundert verlegten die Grafen Schaffgotsch ihren Wohnsitz vom Kynast nach BAD WARMBRUNN. 1777 brannte das gräfliche Schloß ab und wurde erst in den Jahren 1784–1788 wieder so aufgebaut, wie es sich auch heute noch präsentiert. Die vordere Fassade sieht hinab auf den Schloßplatz, über den schon immer der Durchgangsverkehr strömte. Früher fand hier alljährlich an Palmsonntag der beliebte »Warmbrunner Tallsackmarkt« statt. Vielerlei wurde an den Marktständen feilgeboten, aber ein echter Tallsack, ein »gebacknes Mannla« mit Rosinen im Bauch, war unsere unvergeßliche Kinderseligkeit. Bad Warmbrunn war als Heilbad in der romantischen Biedermeierzeit sehr in Mode. Wie eine kleine »Residenz« erschien da das gräfliche Schloß mit allen seinen in Parkanlagen eingebetteten Bauten und setzte so dem Badebetrieb ein Glanzlicht auf. Dennoch war es, trotz aller Kunst, die es beherbergte, kein reiner Musentempel. Denn die Schaffgotsch legten von jeher Gewicht auf soziale Fürsorge für ihre Bediensteten und die armen Weberfamilien.

95 Der GABELJÜRGE mit seinem Dreizack auf dem Sokkel des Marktbrunnens ist eines der liebsten Hirschberger Kinder. Im Hintergrund erblickt man die Ostseite des Marktes, die Butterlaube. Abgesehen vom Treffer einer verirrten Luftmine überstand die Stadt den Krieg unversehrt. Doch 1946 fiel gerade diese Zeile schöner Markthäuser in sich zusammen: Das Holz der geschwungenen und geschnitzten Treppen war verheizt worden. Inzwischen wurden diese Häuser ebenfalls restauriert, doch dürfte manche Fassade zu glatt geraten sein, die alte barocke Pracht dahinter ist verschwunden. Damit verschwand aber auch das Gesicht einer alten Handelsstadt mit Bauten nordischer Ausprägung. Hirschberg war bekannt als Barockstadt mit verhaltener protestantischer Bauweise. Die Laubengänge präsentieren sich heute mit einem neuen Gesicht und erinnern eher an Laubengänge in Städten südlich der Alpen. In der Vorweihnachtszeit erstrahlte beim Brunnen ein haushohes schlesisches Weihnachtszepter.

96 Diese Darstellung des Gekreuzigten befindet sich im spätgotischen Tympanon über einem Seiteneingang der STADTPFARRKIRCHE zu Hirschberg. 1168 wurde sie am höchsten Punkt der mittelalterlichen Stadt am Rande der Stadtmauer anstelle der abgebrannten Holzkirche erbaut. Der Gatte der hl. Hedwig, Herzog Heinrich II., hatte seinen Vormund Bernhard von Schweidnitz beauftragt, in Hirschberg eine massive Kirche aus Stein erbauen zu lassen. Das fertige Gotteshaus wurde im Jahre 1304 den beiden Schutzheiligen St. Erasmus und St. Pancratius geweiht. In unerschütterlicher Festigkeit hat diese hohe, alles überragende Stadtpfarrkirche viele Gefahren, Brände und Belagerungen überstanden, selbst den Versuch einiger SS-Soldaten, am letzten Kriegstag 1945 den Turm zu sprengen. Des Küsters kluges Töchterlein hatte diese Absicht vereiteln können, indem sie die richtigen Schlüssel unauffindbar machte. Darin hatte des Küsters Familie Erfahrung: In der Sakristei waren während des Krieges hungernden russischen und polnischen Fremdarbeitern Lebensmittel zugesteckt worden.

97 Die Hirschberger GNADENKIRCHE »Zum Kreuze Christi« wurde in den Jahren 1706 bis 1718 durch den sogenannten »schwedischen Baumeister« Martin Frantz aus Liegnitz errichtet. Er stammte aus Reval, das zu dieser Zeit in der Tat schwedisch war, wie der Eintrag dort in der Gesellenrolle des Jahres 1697 beweist. Diese Gnadenkirche ist nach dem Vorbild der Katharinenkirche in Stockholm erbaut worden. Die offensichtliche Vorliebe für das Nordische bei den schlesischen Protestanten hatte einen guten Grund: Der Schwedenkönig Karl XII. erwies sich als ihr Retter. Im Eifer der Rekatholisierung waren die evangelischen Schlesier oft in große Bedrängnis geraten. In Verhandlungen mit den Habsburgern konnte der schwedische König im Vertrag zu Altranstädt 1707 erreichen, daß die den evangelischen Schlesiern im Westfälischen Frieden zugesagten und nun verletzten Rechte wiederhergestellt würden. Dies ging mit Gewissensfreiheit und bürgerlicher Gleichberechtigung einher. Die in Kreuzform erbaute Gnadenkirche ist ein ungewöhnliches Baudenkmal mit reicher barocker Innenausstattung.

98 Diesen verfallenden GRABKAPELLEN an der Nordseite des Gnadenfriedhofes von Hirschberg sieht man kaum noch an, daß die Schlößchen ähnlichen Bauten kulturgeschichtliche Kostbarkeiten sind. Noch bis Ende des Krieges waren die Grabkapellen unversehrt. Kunstgeschmiedete Gittertore und -zäune verschlossen die Eingänge, in Nischen, auf Mauersimsen und Dächern standen Steinfiguren, die namhafte Künstler Anfang des 18. Jahrhunderts geschaffen hatten. Namen wie von Buchs, Baumgarten, Menzel, Glafey, Gottfried und die anderer Leinenkaufherren fand man dort.

99 GIERSDORF bietet sehr Gegensätzliches: Am oberen Ortsende ein »Himmelreich« und am Ortsbeginn nach dem Füllnerpark mit dem norwegischen Blockhaus die liebliche Landschaft der Giersdorfer Teiche in einem weiten Talgrund. Hier hatten die Schaffgotsch ihre Fischteiche, Wasservögel aller Art sind auch heute hier zu Hause. Da, wo sie sich tummeln, staute sich in einem anderen Erdzeitalter das Schmelzwasser der Gebirgsgletscher an den Moränen des Inlandeises zu einem großen Binnensee, auf dem Eisberge schwammen. Wäre der Nachwelt nicht eine ungewöhnliche Flora zurückgeblieben, könnte man sich hier eine arktische Landschaft nicht vorstellen. In der heutigen Teichlandschaft um die Fuchslöcher spiegelt sich der Kamm des Riesengebirges im Wasser. Der große Gegensatz, mit einem Höhenunterschied von 110 m, ist das »Himmelreich«. Hier, seitlich begrenzt von einer Felswand, ist die Endhaltestelle der Hirschberger Talbahn gewesen, daneben in einer Schlucht tost das Hainwasser, das vom Hainfall herabkommt.

100 Heiter wirken die verstreuten Häuser, die sich an die Wiesenhänge des Luftkurortes HAIN anschmiegen. Zusammen mit dem benachbarten Baudendorf Baberhäuser ist Hain die letzte Ortschaft vor dem Spindlerpaß. Vom »Himmelreich« in Giersdorf aus ist es mit dem Bus zu erreichen, eine steile Straße führt in vielen Windungen nach oben. Beim letzten Haus, der »Saftquetsche«, begann ein guter Wanderweg, der sich vor dem Anstieg gabelte: Durch den Bannwald, entlang des Rothwassers kam man zur Peterbaude, links, über die Nässe, führte der Skiweg zum Spindlerpaß hinauf.

101 Die tiefgelbe ARNIKA, auch unter dem klingenden Namen »Berg-Wohlverleih« bekannt, gilt als eine der besten Arzneipflanzen. Sie gehört zu den geschützten Pflanzenarten. Im Riesengebirge ist sie häufig anzutreffen, und die alten Kräuterweibel verstanden sich auf ihre Heilkraft. Sie setzten eine Handvoll Blüten mit einem halben Liter Branntwein an in einem hellen Glas, das acht Tage in der Sonne stehen mußte. Dann besaßen sie eine Tinktur, die jede Wunde, jede Quetschung und Verstauchung heilte, auch innerlich anwendbar war. In Höhen über 900 m ist Arnika zu Hause.

102 Sie war viel seltener zu finden als die köstliche Blaubeere: die harte, tiefrote PREISELBEERE, die man erst gegen Ende September pflücken konnte. Sie wuchs meist in der Einsamkeit der Hochmoore, wie auf der Teufelswiese zwischen der Kleinen Sturmhaube und dem Silberkamm. Von dort Preiselbeeren zu holen war nicht ganz ungefährlich; so mancher Kinderstiefel versank auf Nimmerwiedersehen in einem der Moorlöcher. Da tröstete erst die warme Baudenstube, wenn Muttel Erben die Beeren als Spezialität in Gläser füllte und mit brennendem Alkohol luftdicht verschloß.

103 Nicht selten trifft über dem Kamm hoher Luftdruck aus Böhmen auf nördlichen Tiefdruck, was nebelreiches Wetter begünstigt. Bei Temperaturen unter dem Gefrierpunkt verwandelt sich der Nebel in Rauhreif und überzieht alles mit feinen Eiskristallen. Die Gebirgler nannten das »Anraum«. Täglich läßt neuer, gefrierender Nebel Rauhreifgeschmücktes wie diesen Baum zu märchenhaften Gebilden anwachsen, Schönheit und Vergänglichkeit zugleich: Wenn es taut, hält der Eisbruch Ernte wie jedes Jahr in der Nähe der KLEINEN STURMHAUBE und des Kammweges.

104 Auf der böhmischen Seite des Spindlerpasses liegt an der tiefsten Stelle des Mädelkammes (1208 m) die SPINDLERBAUDE, 1824 von Franz Spindler erbaut. 500 Hörner- und Sportschlittengäste zählte sie bereits um die Jahrhundertwende. Sie galt als Nobelherberge mit internationaler Küche. Es ist ihr Schicksal, auch heute noch Grenzbaude zu sein, obwohl sie an der gut ausgebauten Autostraße von Hain nach Spindlermühle liegt. Tourismus ist nur jeweils einseitig möglich, weil diese Straße von dem »Weg der Freundschaft«, der Staatsgrenze Polens und Tschechiens, durchschnitten wird.

105 Um die ADOLFBAUDE lag 1944 so viel Schnee, daß man aus dem ersten Stock mühelos über das Vordach in die weißen Massen hinabgleiten konnte. Unglück brachte der Schnee 1868: Die Wirtin, Witwe Barbara Adolf, starb im Schneesturm zwischen ihrer und der nur fünf Minuten entfernten Spindlerbaude. – Die Adolfbaude wurde 1814 vom Ortsrichter Franz Spindler aus Spindlermühle als zweite seiner Bauden erbaut. Durch Kauf ging sie 1876 in den Besitz der Baudenfamilie Adolf über. Sie liegt am Südhang der Kleinen Sturmhaube, wo es Blaubeeren und Enzian gab.

106 Die (abgerissene) ERLEBACHBAUDE (1784) war die älteste der Spindlerbauden. Die Erlebachs stammen aus der Schweiz. Meine Urgroßmutter wuchs hier auf. Franz, einer ihrer Brüder, war schon vor 1880 als guter Winterführer und durch die Herstellung von Schneereifen bekannt. Jahrzehnte später, wenn alles vom Schnee verweht war, fuhren wir mit Skiern übers Dach. Die letzte Wirtin, »Muttel Erben« (Karolina, geb. Erlebach), schätzte das nicht. 1946 starb sie gewaltsam trotz ihrer Beliebtheit. Gemütliche Gastlichkeit und die Baudenabende mit dem Zitherfranzl bleiben unvergeßlich.

107 Die sogenannten Kandelaber-Fichten sind die Antwort starker Bäume auf Schneebruch. Abgeschwemmte Böden machen im Weißwassergrund eine kraftvolle Vegetation möglich, so daß 250 Jahresringe bei einer Fichte nicht selten sind, vom Bergahorn einstiger Urwälder ganz zu schweigen. Wegen des Wildreichtums darin befehdeten sich durch die Jahrhunderte die böhmischen Grafen von Waldstein (Wallenstein) und Harrach mit den schlesischen Schaffgotsch. Im Rehorngebirge und den Siebengründen befinden sich noch heute letzte Urwaldbestände. Sie sind Naturschutzgebiete.

108/109 Das muß man der Elbe lassen: Sie hat eine große Wiege. Diese dehnt sich unweit der Schneegrubenbaude, südlich der 1477 m hohen Veilchenspitze weit über die Torfmoore der Elb- und Pantschewiese aus, denen gleich mehrere Elbquellen entspringen. Die stärkste von ihnen wurde als »die Elbquelle« mit einem Brunnenrand eingefaßt, wobei die alte Bezeichnung »ELBBRUNNEN« richtiger ist. Er befindet sich in 1386 m Höhe. Auf dem Wege in die Welt fließen dem jungen europäischen Strom auf einer Länge von nur 1100 m so viele Wasser zu, daß er sich sogleich als Elbfall

beinahe 50 m tief in den Elbgrund stürzen kann. 1144 km Gesamtlänge hat die Elbe erreicht, wenn sie schließlich in der stattlichen Breite von 15 km bei Cuxhafen in die Nordsee fließt. Sie hat auf ihrem Weg 761 Kilometer durch Deutschland zurückgelegt, vorbei an vielen landschaftlichen Kleinodien wie dem Elbsandsteingebirge und der Sächsischen Schweiz. Es war bezeichnend für das letzte Jahrhundert, daß alles, was bergig und herausragend schön war, mit der Schweiz in Verbindung gebracht wurde – auch im Riesengebirge. Von der Moldaumündung an ist die Elbe schiffbar.

110 Dieses Nebelmeer liegt über dem ELBGRUND, die vorher bekannte Umgebung des Elbbrunnens erscheint fremd. Als Gletscher die Erde bedeckten, mag es hier so ausgesehen haben. »Anraum«, Rauhreif, hat die verschneiten Bäume zu geheimnisvollen Gestalten werden lassen. Wen wollte es verwundern, daß sich davon die Dichter des Riesengebirges zu ihren schönsten Werken anregen ließen? Erinnert sei nur an Gerhart Hauptmanns Glashüttenmärchen »Und Pippa tanzt«, das neben dem Mythos auch den Sagenstoff der Walen und der Geschichte schlesischen Glases erzählt.

111 Eine großartige Aussicht auf das Quellgebiet der Elbe bietet der Weg vom ELBFALL nach SPINDLERMÜHLE. Hier konnte man um die Jahrhundertwende einer bekannten Persönlichkeit begegnen: dem »Lambert mit dem weißen Pferd«. Es war der erste »Elbfaller« (Pächter) Lambert Erlebach aus der »Schweizerkoppe« von den Krausebauden. Sein Urenkel, der vierte Lambert, lebt heute als Wirt am Starnberger See und bietet seinen Gästen ein zünftiges Baudenessen an – ganzjährig, was in der Elbfallbaude nicht möglich war, weil sie nur als Sommerbaude genutzt wurde.

112 Vom Gipfel der Kleinen Sturmhaube, aus 1440 m Höhe herab, bietet sich dieser Blick zur Mädellehne (links), zum Elbgehänge, zur Goldhöhe und zur Gletschergrube des Pantsche-, des Elb- und des Pudelfalles. Im Einschnitt liegt der ELBGRUND als Anfang der Siebengründe, des großen Naturschutzgebietes. Der weiße Zuckerhut ist das Hohe Rad mit 1506 m Höhe, unter dem Kenner die Martins-, Bradler- und Daftebauden entdecken. Die gastlichen Davidsbauden sind auf dem untersten Plan zu erkennen. Von dort ging die Baudenfamilie Adolf nach Buching auf den Geiselstein.

113 Seit eh und je stürzt sich hier die junge Elbe in vielen Kaskaden herab, ein Schauspiel, dem Menschenhand in wasserarmen Zeiten dadurch nachgeholfen hat, daß oben das Wasser gestaut wurde und nach Bedarf mit Hilfe einer Schiebevorrichtung »stürzen« durfte. Bevor oberhalb des ELBFALLES Graf Harrach 1878 die erste feste Holzbaude errichten ließ, stand an dieser Stelle schon viele Jahrzehnte vorher eine Steinhütte, in der der Wasserfallwächter wohnte. Vor dieser wieder gab es hier eine Reisighütte, in der »die Blasse«, eine Frau aus Rochlitz, Anfang des 19. Jahrhunderts Hochgebirgstouristen mit Verpflegung versorgt hat. Auch von einem Notnachtlager bei gefährlichen Wetterstürzen wird berichtet. »Die Blasse« vom Elbfall muß eine furchtlose Person gewesen sein, denn sie bot auch bei den Korallensteinen und dem Silberkamm in einer primitiven Hütte Proviant an. Um 1860 soll sie das letzte Mal gesehen worden sein. Ihre Nachfolgerin war die »Dewaldin«, eine Frau Dewald, Begründerin der Bretterbaude am Elbfall, auf deren Kachelofen erstmals warme Getränke und Speisen bereitet wurden.

114 Unterhalb des Ziegenrückens, im lawinenreichsten Teil des Gebirges, stößt man unweit des Mädelsteges auf die neue WEISSWASSER-GRUNDBAUDE. Sie hatte schon einige Vorgängerinnen, die meist von Lawinen vernichtet wurden. Die erste wurde 1835 als östlichste der Spindlerbauden errichtet und dann wegen der Lawinenstürze zum Spindlerpaß verlegt. Jetzt befindet sich hier in der Nähe der Baude, wie auch am östlichen Grenzpunkt des Naturschutzgebietes Siebengründe im Weißwassergrund, eine Bergrettungsstation. Der Weißwassergrund heißt auch weißer Elbgrund, durch ihn führt der Weg von Spindlermühle zur Wiesenbaude. Dieser wildromantische Talgrund ist durch Gletschereinwirkung entstanden. Der Wanderer entdeckt einige große Moränen an seinem Weg zur Weißen Wiese. Wegen der Lawinengefahr konnten die Bauden im Weißwassergrund nur im Sommer bewohnt werden. Die Mädelstegbaude am Eingang des Tales steht nicht mehr, auch die Scharfbaude über der Teufelswiese auf der gegenüberliegenden Seite in Richtung Hochwiesenberg ist verschwunden. Skiläufer sollten den Ziegenrücken meiden.

115 Beim Mädelsteg, oberhalb von Spindlermühle, fließt der »ELBSEIFEN«, von der Elbwiese her kommend, mit der »WEISSEN ELBE« (Weißwasser) zusammen, die ihr Quellgebiet in der Weißen Wiese hat. Hier wird aller Übermut noch geduldet, doch nach dem Ortsausgang, in Höhe der Hinteren Krausebauden, wird der jungen Elbe Kraft durch eine im Jahre 1914 eingeweihte Talsperre gebremst. Etwas weiter südlich von dieser Stelle hier finden Autotouristen Campingplätze. Wo früher der Hochwassertod zuschlug, da ist heute Erholung in einer herrlichen Umgebung möglich.

116 Schon vor achtzig Jahren rauschte die junge ELBE so durch den Ort. Damals schrieb eine Kurzeitung: »Spindlermühle-(St. Peter)-Friedrichsthal verdient, eine Perle des Riesengebirges genannt zu werden! Dem vergrämtesten Gemüte wird die reizende Lage des Kurortes ein Lächeln entlocken, trübe Gemütsstimmung wird schwinden, verlorene Lebenshoffnung, Lebenslust, Arbeitsfähigkeit und Schaffenskraft werden wieder zurückkehren. Die nach Norden geschützte, nach Süden offene Lage von Spindlermühle macht es zu einem klimatischen Kurort im Sommer und auch im Winter.«

117 SPINDLERMÜHLE mit heute 1400 Einwohnern entstand später als seine Ortsteile. Der Name rührt von der Spindler-Mahlmühle her, in welcher die letzte Bittschrift um Errichtung einer Kirche verfaßt wurde, deren Bau Kaiser Franz II. in Wien 1793 bewilligte. Die Bemühungen darum werden aus Schlesien eingewanderten Holzschlägern namens Hollmann zugeschrieben. Bei genauem Hinsehen entdeckt man die Kirche. Von hier aus nicht zu sehen sind die Sessellifte auf den Planur und den Bärenberg, die Abfahrtspisten und die Sprungschanzen dieses Wintersportparadieses.

118 Nach so vielen Natureindrücken ist die Einkehr in einer stillen Kirche, wie dieser hier in WITKOWITZ, willkommen. Durch ihre Schlichtheit hat sie etwas Rührendes an sich, was durch den weiten Bogendurchlaß zum Altarraum noch verstärkt wird. In Witkowitz war vor allem die Weberei zu Hause, und den Bewohnern sieht die Kesselkoppe durchs Fenster. Der Ort liegt an der Kleinen Iser, die bei den Schüsselbauden entspringt. Wenn man dem Lauf der Iser nach Norden folgt, erreicht man das Baudendorf Glashütten, von dort führt eine Serpentinenstraße hinauf zur Goldhöhe.

119 Mit viel Glück lassen sich in der Umgebung von ST. PETER noch Eingänge von alten Bergwerksstollen entdekken. Sie sind verfallen und zugewachsen, denn ihre Blütezeit war vom 14. Jh. bis zum Ende des Dreißigjährigen Krieges, als hier Silber, Kupfer und Bleierz abgebaut wurden. Die bis zum Jahre 1725 aus den Gruben von St. Peter an die Staatliche Münze von Prag und Kuttenberg abgelieferten Mengen ergaben umgerechnet einen Ertrag von 109000 Gulden! Die jährlichen Lawinen und Hochwasser, wie auch ein Grubenbrand im Jahre 1704, brachten den Bergbau zum Erliegen.

120 Das 850 m hoch gelegene ST. PETER ist der älteste Ortsteil von Spindlermühle. Es zieht sich in einem Hochtal zwischen dem Ziegenrücken und dem Heuschober-Planur hin. Der Skisport, hauptsächlich das Skispringen, ist von der ersten Stunde an dort zu Hause gewesen. Schon 1910 sprang Franz Buchberger (Keilbauden) von der Klausenschanze 40 m weit. Heute gibt es um St. Peter ausgezeichnete Pisten, Skilifte, mehrere Sprungschanzen und ein großartiges Winterstadion, Ziel der Slalom- und Skirennen. Übungsgelände und auch touristische Abfahrtsstrecken sind hier zu finden.

121 Auf dem Weg von der Elbklemme zur Goldhöhe südlich der Geiergucke schimmert von den Steilhängen leuchtend weißes Gestein: die MARMORBRÜCHE bei den Fülle-Bauden. Nicht weit davon entfernt erhebt sich der helle, 756 m hohe Hermelstein. Wahrscheinlich hat hier in alten Zeiten der Marmor »Hermelstein« geheißen, abgeleitet von der weißen Farbe des Hermelin. In den Brüchen fand man keinen hochwertigen Marmor, eher einen marmorisierten Kalkstein, der ausgezeichnete Eigenschaften als Baumaterial besaß. Deshalb wurde der Marmor durch die Jahrhunderte abgebaut und in einem Hohenelber Kalkwerk zu Baukalk zermahlen, auch noch nach 1945. Die Brüche liegen in einer für den einstigen Bergbau interessanten Gegend. Bis 1781 wurde in der Elbklemme die »Mariahilfzeche« betrieben, in deren übereinander liegenden Stollen man Magneteisenstein, Kupferkies und Malachit gewann. Noch 1796 hat man im St. Michaelis-Stollen in Schwarzenthal Gold gefunden: 8½ Lot, das sind etwa 16 g. Das k. u. k. Münzamt in Prag löste dieses Gold mit 162 Gulden und 4 Kronen ein.

122 Im späten August reifen die Früchtetrauben des roten Traubenholunders, der auch Bergholler genannt wird und zu den Geißblattgewächsen gehört. Die Kerne der »Katelbeeren« sind giftig für den Menschen. So bleibt dem Wanderer nur die Schönheit des Anblicks, wenn ein schwerer Ast wie hier über ein klares Bergwasser hängt. Es ist die Elbe, unweit der Spindelmühler Talsperre, wo das Wasser vom Sperberfloß einmündet, das vom Braunfelsen herabkommt. Dort wartet auf den jugendlichen europäischen Strom nach dem Elbfall die zweite Schwierigkeit: Er muß sich mit allerhand Mühen durch helles Gestein zwängen, durch die ELBKLEMME oberhalb von Hackelsdorf. Wer will, kann nun dem Fluß bis hin nach Hohenelbe folgen, oder aber vorher im Oberdorf abbiegen. Eine gute Straße führt an den Heidelberghäusern vorbei, hinauf auf den 1012 m hohen Heidelberg, der am südlichen Ende des Heidelbergkammes liegt. Über Benetzko läßt sich Witkowitz mit seinem schönen kleinen Kirchlein erreichen, der Weg bietet eine stets eindrucksvolle Aussicht hinauf zur Kesselkoppe und zur Goldhöhe.

123 Das über 100 Jahre alte Riesengebirgsmuseum in HOHENELBE ist eine Gründung des Riesengebirgsvereins (RGV) aus dem Jahre 1883. Es beherbergte eine reichhaltige Bibliothek und ein umfangreiches Archiv über die Besiedlung dieses Gebietes. Heute schätzen Besucher die Glassammlung im ersten Stockwerk, wo vielfältige Glaskunst, in Formen, Farben und Dekor von Glasbläsern und Glasschneidern der kleinen Gebirgsorte geschaffen, in den Wandvitrinen zu bewundern ist. Vom kostbaren Deckelpokal bis zum modernen Glaskrug vereinigt sich hier alles unter diesem Dach.

124 Zwischen dem historischen RATHAUS von Hohenelbe und dem sehenswerten Bürgerhaus mit dem schmiedeeisernen Balkon duckte sich noch vor nicht allzu langer Zeit ganz und gar unbekümmert ein kleines Holzhaus mit spitzem Giebel und Laubengang. Davon sind in Hohenelbes Innenstadt noch eine ganze Reihe anzutreffen. Dieses neben dem Rathaus wurde durch einen Zweckbau ersetzt, der alles andere als geglückt ist. Um so mehr erfreut uns das unverändert erhaltene Rathaus, das an der Stelle des alten im Jahre 1720 gar prächtig von Baumeister Johann Georg Seehak erbaut wurde, der kurz zuvor auch den Klosterneubau geschaffen hatte. Das Rathaus zeugt von einer wirtschaftlichen Blütezeit der Stadt, als sie in der Hauptsache vom Leinenhandel und dem Schleierleinen lebte. In der Frühzeit dieser ersten größeren Stadt an der Elbe war der Bergbau vorherrschend. Hohenelbe gilt als bedeutende Industriestadt der Region, in der auch die Leinenindustrie noch immer vorhanden ist. Die Stadt zählt heute 11 000 Einwohner und ist das Eingangstor zum mittleren Riesengebirge von der böhmischen Seite.

125 Schon in der Bauweise der alten Häuser mit Giebelzierat und Laubengängen in SCHWARZENTHAL zeigt sich die nahe Verwandtschaft mit dem 7 km entfernten Hohenelbe. Beide Orte verbindet ein guter Wanderweg. Schwarzenthal liegt im Silberbachtal und gehört zu jenen »königlichen« oder »welschen Hämmern«, die im 16. Jahrhundert von Christoph von Gendorf erworben und als Städtchen gegründet wurden. Es ist 600 m hoch gelegen und heute Teil des vielbesuchten Ski- und Wandergebietes um den Schwarzen Berg (mit Seilbahnstation), der über 1000 m hoch ist.

126 Die über 100 Jahre alte HOFFMANNSBAUDE, einst im Besitz von Lambert Erlebach, dem ältesten Sohn des Elbfallers, liegt verkehrsgünstig zwischen Schwarzenthal und Johannisbad, wo der Weg unmittelbar in den Kurpark mündet. Sie wird heute noch von den Kurgästen geschätzt. In ihrer Nähe liegen lohnende Ausflugsziele wie die Ladigbaude und die Goldene Aussicht bei Polkendorf oder das Berghotel bei den Sokolbauden und der benachbarten Schwarzschlagbaude. Auch der Blaustein und Marschendorf sind von der Hoffmannsbaude aus für weniger Geübte gut zu erreichen.

127 Mitten im »böhmischen Gastein«, in JOHANNISBAD, lagert Rübezahl, zur Freude aller, die die Sagen um diese Gestalt lieben. Das werden überwiegend jene Kinder sein, die an Kinderlähmung leiden und denen hier eine Heilstätte eingerichtet wurde. Ihnen ist Rübezahl nah, weil er trotz allen Schalks und Unwesens, das er treibt, immer ein Freund der Armen und Schwachen ist, sozusagen ein »Robin Hood« aus dem Riesengebirge, wie er einmal bezeichnet wurde. In Johannisbad ist er willkommen! Vielleicht hat er sich hier niedergelassen, um den Kranken Mut zu machen.

128 Das kleine JOHANNISBAD im südlichen Riesengebirge hat Beachtliches vorzuweisen. Seine warmen Quellen wurden bereits 1552 entdeckt, und 100 Jahre später erbaute man das erste Kurhaus. Die fast 30 radioaktiven und mineralischen Quellen besitzen große Heilkraft. Deshalb wurde hier erstmals in Europa 1935 eine Heilstätte für an Kinderlähmung Erkrankte eingerichtet. Die Kuranlagen sind vorbildlich. Die allererste Kabinenseilbahn im böhmischen Riesengebirge nahm 1928 von Johannisbad auf den Schwarzen Berg ihre Personenbeförderung auf. Eine weitere ist z. Zt. im Bau.

129 Auf dem PLANUR hält der Frühling schon Einzug, die Skier wollen nicht mehr so recht gleiten. Der Planur ist ein beliebtes Skigebiet westlich von Spindlermühle, von wo aus ein Sessel- und ein Skilift bis kurz unter den 1196 m hohen Gipfel führen. Von dort ziehen sich ein ausgezeichneter Slalomhang und einige Skipisten bis hinunter ins Sportstadion von St. Peter. Weniger bekannt ist, daß der Planur auch einmal Ort der Weltgeschichte war: 1944 berief Graf Stauffenberg hier ein Treffen der Verschwörer des 20. Juli ein, um mit ihnen Einzelheiten des Attentats auf Hitler festzulegen.

130 Die Bezirksstadt TRAUTENAU (heute über 25000 Einwohner) ist die wichtigste Stadt im südlichen Riesengebirge mit seiner Textil-, Elektro- und Maschinenbauindustrie. Erste Spuren des Leinenhandwerks und des Flachsgarnspinnens waren hier bereits nachzuweisen, als der Ort unter Johann von Luxemburg im Jahre 1340 das Stadtrecht erhielt. Damals stand auch die Erzdekanalkirche schon, 1283 erbaut und 1769 umgebaut, die das Marktbild beherrscht. Viele der Häuser waren durch Brand zerstört und mußten neu aufgebaut werden. Rübezahl bewacht vom Brunnen aus den Platz.

131 Wer Trautenaus bewegte Geschichte kennt, wundert sich nicht über die vielen Denkmäler, von denen dieses auf dem Gablenzberg wohl das markanteste sein dürfte. Es trägt einen 17 m hohen Obelisk, in dessen Innenraum eine eiserne Stiege bis zur Spitze führt, damit eine Fahne gehißt werden kann. Das Monument erinnert an die österreichischen Gefallenen des Krieges mit Preußen von 1866 und wurde 1868 errichtet, gestiftet durch den Trautenauer Veteranenverein unter dem Protektorat des Prinzen zu Schaumburg-Lippe. Österreich war in der Schlacht bei Königgrätz unterlegen, der Frieden von Prag (23. August 1866) hatte die Auflösung des Deutschen Bundes gebracht. Die GABLENZHÖHE führte vorher den Namen Galgenberg, da dort bis zum Jahre 1787 ein Galgen gestanden hat. Prinz Wilhelm zu Schaumburg-Lippe spendete auch ein Kreuz für die Johanniskapelle, das zum Teil aus Granatsplittern zusammengesetzt ist; beides sind Zeugnisse einer vaterländischen Zeit.

132 Zwischen den Bergstädtchen Freiheit und Schatzlar erhebt sich in nordwestlicher Richtung der Kamm des REHORNGEBIRGES mit einer Durchschnittshöhe um 1000 m. Dort wurde auch noch im 16.–18. Jahrhundert Gold und Silber abgebaut und gewaschen. Heute ist das Rehorngebirge Naturschutzgebiet mit einer Ausdehnung von 200 ha Fläche, wo sogar noch Urwaldbestände anzutreffen sind. Im Innern des Schutzgebietes liegt der Rehorn-Blumengarten, ein 7 km langer Naturlehrpfad lädt zu Erkundungen ein. Von der Rehornbaude genießt man einen großartigen Rundblick.

133 Diese Häuserzeile eines Marktplatzes findet sich im einstigen »Bergstadel unter dem guldenen Rehorn«, wie das schon 1009 erwähnte Bergstädtchen FREIHEIT genannt wurde. Es verdankt seinen Ursprung dem Gold- und Silberbergbau im Rehorn, was ihm auch bedeutende Privilegien des Landesherrn, Kaiser Ferdinand I., einbrachte. Schon zwischen 1637 und 1657 genoß es die Rechte und Freiheiten einer Bergstadt. Trautenaus Chronist Simon Hüttel erwähnt den Ort als »Pirgkfreiheit« (1553). Später gab es hier Teppich-, Jute- und Gurtweberei, eine Wachswaren- und Seifenfabrik.

134 Mit diesem 53 m hohen Turm wurde die Kirche in MARSCHENDORF 1899 neu errichtet. Hier steht auch das Schloß der ehemaligen Herrschaft Czernin-Morzin. Der Sage nach verdankt der Ort seine Entstehung einem Fischer namens Marscha, der im Jahre 1007 in der Aupa Forellen fischte. Wahrscheinlicher ist ein Zusammenhang mit dem Bergbau, denn ein hiesiger »Eisenhammer« lieferte 1597 Kanonenrohre nach Prag! Vertriebene Bergleute aus Meißen sollen sich hier niedergelassen haben. Seine äußerst vielfältige Papierfabrikation machte Marschendorf weithin bekannt.

135 Um sich an einem Wintersonnentag zu freuen, bedarf es gar nicht immer des großen Gebirgspanoramas. Es lohnt, zu einer stillen Skiwanderung aufzubrechen, vielleicht von den Tippelbauden aus, die den schlesischen Grenzbauden gegenüberliegen. Wer gemächlich mit seinen Skiern an Schwarzwasser vorbei in Richtung KLEIN und GROSS AUPA gleitet, mag auf diesem Wege plötzlich hinter einem Berg ein Kirchendach mit einem ansehnlichen Zwiebelturm entdecken; dazu einen winzigen Steg über einen Bach, der bei Schneeschmelze die Menschen das Fürchten lehren wird.

136 PETZER, ein Ortsteil von Groß Aupa in Schneekoppennähe, ist ein recht junger Wintersportplatz. Hier waren noch zwischen den beiden Weltkriegen Kupfer- und Arsenschmelzereien in Betrieb, wobei man das alte Arsenikwerk nur als »Gifthütte« kannte. Der Ortsname entstand aus dem Wort Petz für »Bär«, denn hier wurde im Jahre 1804 im Revier Riesenhain noch ein letzter Bär erlegt, dessen Fell im Petzer Kretscham zu bewundern war. Heute gibt es in der Umgebung sehr viele Skilifte sowie die Talstation des Sessellifts auf die Schneekoppe, der 740 m zu überwinden hat.

137 Aus vielen Quellen entspringt die AUPA in 1446 m Höhe auf dem Koppenplan. Dort breitet sich nordöstlich der Wiesenbaude das mit 72 ha größte Hochmoor des Gebirges aus – eine Naturschutzzone mit vielen kleinen Moorseen und einer Vegetation mit Überbleibseln aus der Eiszeit wie dem Habichtskraut. Am Rande dieses markierten Gebietes führt ein Naturlehrpfad bis zu jener Stelle, wo bis vor einigen Jahren noch die Riesenbaude stand. Unmittelbar daneben stürzt sich die Aupa in zwei Wasserfällen, von denen der obere etwa 90 m hoch ist, in den Aupakessel. Er gilt als vollkommenstes Gletscherkar des ganzen Gebirges. Dort befindet sich auch »Rübezahls Lustgarten«, was angesichts der 200 seltenen Hochgebirgspflanzen, die hier wachsen, nicht verwunderlich ist. Der Lawinenstürze wegen, deren gefährliche Bahnen 600 m tief talwärts reichen, ist die Gegend um den Aupakessel kein allgemeines Wintersportgebiet. Doch wird der Aupakessel im Winter wegen seiner alpinen Beschaffenheit gern zum Bergsteigertraining benützt.

138 Von den Orten Aupa und Petzer aus geht der Weg durch den Aupagrund, bevor man den Riesengrund erreicht, von wo aus er weiter auf den Kamm führt. Hier ist die Wildheit der Aupa schon gezähmt durch viele natürliche Staustufen, die wie Felsbarrieren das Wasser zur Sanftheit zwingen. Die Dichterbrüder Carl und Gerhart Hauptmann fanden die Stoffe für ihre Dichtungen in diesem großartigen Gebirge und nicht zuletzt in dieser Landschaft. Die Öde des aufragenden Brunnberges begrenzt die Lieblichkeit des Panoramas. Hier gedeiht das narzissenblütige Windröschen, das mit dem großen Eis bis aus dem Altai hierherkam. Hier ist Urweltlandschaft, drei Generationen Erdzeitalter älter als der Himalaja, der Kaukasus und die Alpen. Nicht immer war es so still. Im frühen Mittelalter beherrschte der Bergbau das Aupatal, seiner reichen Arsenik- und Kupfervorkommen wegen. Hier donnerten bei Hochwasser die gefällten Baumriesen für den Bau von Bergwerksstollen talwärts. Vor dem Krieg wurden auch Mufflons angesiedelt. In neuen Wanderkarten findet sich eine Mufflonstation bei den Grenzbauden.

139 Bergweidenröschen säumen den Weg im RIESENGRUND, dessen letztes Haus die Bergschmiede ist. Sie liegt 1388 m hoch, von dort führt der Weg steil nach oben über den Rosenberg zum Kamm. Es ist strittig, ob der Name Riesengrund von den Ausmaßen des gletscherausgewaschenen, weiten und lichten Grundes herrührt oder vom »Holzrißen«, auf das sich die 1591 ins Land geholten »Schwazer Holzknechte« ganz vortrefflich verstanden, die das viele Grubenholz, das hier für das Silberbergwerk Kuttenberg geschlagen wurde, auf der reißenden Aupa talwärts flößten.

140 Von einem weißen Märchenwald ist hier nichts zu spüren, eher etwas von dem Hauch eines einsamen Weltgebirges, das das Mittelgebirge vergessen läßt. Der verschneite BRUNNBERG, mit 1554 m der zweithöchste Berg des Riesengebirges, stellt an Wintersportler höchste Ansprüche. Von der anderen Seite führen weite Lawinenfelder zur Kuppe, die nicht ohne Gefahr betreten werden können. Bei einem solchen Anblick wird verständlich, warum trotz aller sommerlichen Schönheit dieses Gebirge ein »Wintergebirge« ist. Unberührte Einsamkeiten sind hier noch anzutreffen.

141 Beim Anblick dieser Jungfichten zweifelt niemand daran, woher der Wind weht. Es ist zu hoffen, daß sie ohne Wind- und Eisbruch über diese harten Zeiten kommen. Viel besser hat es da das Knieholz, das hin und wieder aus den Schneeverwehungen herauslugt. Ihm wird der Winter nicht viel anhaben, denn Knieholz ist an die unwirtliche Gegend angepaßt, wenn die West- und Nordweststürme über die Kämme fegen. Offenbar hat es der Unbekannte links im Bild sehr eilig. Es mag ein Forstmann oder der Briefträger sein, der zu einer hochgelegenen Baude unterwegs ist.

142 Da liegt ausgebreitet, was getrennt ist und zusammengehört: diese unvergeßliche Bergwelt, vom BRUNNBERG angefangen, über den SILBERKAMM zur KLEINEN STURMHAUBE bis hin zum HOHEN RAD. Die Wiesenbaude liegt in der hellen Senke oberhalb des Aupakessels, an dessen Rand sich der Naturlehrpfad hinzieht, um schließlich das Aupa-Hochmoor zu durchschneiden. Ganz rechts geht es zur Hampelbaude, der mittlere Weg ist die alte und neue Grenze.

143 Mit 1605 m ist die SCHNEEKOPPE die höchste Erhebung des Gebirges. Wer sie liebt, dem ist sie vertraut wie eine alte Großmuttel, ob sie sich im Nebel einhüllt oder wie hier freundlich lacht. In Paul Kellers »Bergkrach« heißt der neidische Zobten die Schneekoppe respektlos »anne aale Gaake« und behauptet »daß die Hingerseite noch viel schinner is als die vordere«. Da ist etwas dran, denn für ihre Rückseite machte ihr jemand ein wunderbares Kompliment, indem er sie als liebenswürdige Großmutter des Mount Everest bezeichnete, weil sie ihm immerhin einige Erdzeitalter voraus hat!

144 »Viel Steine gab's und wenig zu trinken.« Man schwitzt noch in Erinnerung an diesen mühevollen Weg zum Gipfel der Koppe. Zwischen den Felstrümmern blühen nach der Schneeschmelze die rosaroten Habmichlieb, die Zwergprimeln. Ein rosiger Schimmer überzieht die Hänge der Schneekoppe. Beim Anblick dieses Weges läßt sich ermessen, welch schwerem Tagwerk die Koppenträger nachgingen, die auf ihren Rücken, auf einem Raaftel, Trinkwasser, Lebensmittel und Waren hinauftrugen. Heute ist der Jubiläumsweg so gut ausgebaut, daß PKW den Transport erledigen können.

145 Die Bauden des Riesengebirges wurden an ihrer Gastlichkeit gemessen. Diese kühne Aluminiumkonstruktion des Architekten Lem auf der SCHNEEKOPPE weist in das Zeitalter der Raumfahrttechnik. So wie man mit einem Schritt auf der Koppe eine Staatsgrenze überschreiten kann, so legt man damit auch einige hundert Jahre zurück: Der turmartige Bau der Wetterstation wurde 1880–1889 errichtet, die kleine St. Laurentius-Kapelle wurde von Graf Christoph Leopold von Schaffgotsch gestiftet, erbaut 1668–1681 aus Material, das von Menschen mühselig hinaufgetragen werden mußte.

146 Ohne die hohen, sich ständig im Winde wiegenden ENZIANBÜSCHE im Spätsommer ist das Riesengebirge nicht denkbar. Die einzelnen Blütenstengel werden 50–60 cm hoch und sind von unten her bewachsen mit unzähligen blauen Blütenglocken zwischen schwalbenschwanzähnlichen Blättern. Dieser Enzian nennt sich Schwalbenwurz-Enzian und wächst als einziger dort wild, obwohl Enzian als Pflanzenfamilie sehr viele Arten aufzuweisen hat. Mancher Bergler mag bedauern, daß der gelbe Enzian höchstens in seinem Baudengärtchen wächst, denn aus ihm werden gute Tinkturen gewonnen und ein kräftiger Schnaps gebrannt. Vor dem Gärtchen der Gabi-Baude am Spindlerpaß blieben so mancher Gast und so mancher Wanderer sinnend stehen, denn darin wuchs rosaweiß gestreifter Enzian und solcher in den verschiedensten Blautönen. Hermann Ganser, ein Sänger aus Berlin, der mit der Baudenwirtin Gabi Erlebach verheiratet war und zwischen den Engagements im Gebirge lebte, hatte mit viel Geduld die verschiedensten Enziane gekreuzt und veredelt, bis sie so fremd und schön in seinem Garten blühten.

147 Das Riesengebirge ist ohne die jährlichen Opfer des Windbruchs, verursacht durch die gefürchteten Ost- und Nordoststürme, nicht denkbar. Sonne und Wind bleichen das Holz grau, das die Wege säumt wie diese Wurzel. Aus dem Jahr 1870 wird von der Gräflich von Harrachschen Domäne gemeldet, daß ein einziger Orkanstoß 140000 Klafter Windbruch verursacht habe, so daß auf einer Fläche von 480 ha alle »Bestände total geworfen seien«. Das wirtschaftliche Leben der Bevölkerung litt darunter ebenso wie das Klima, das ohne den Baumbestand immer rauher wurde.

148 Windbruch und Baumsterben haben nur scheinbar etwas gemeinsam. Denn Windbruch zeugt vom ehrlichen Kampf des starken, gesunden Baumes mit dem noch stärkeren Sturm. Baumsterben aber, das auch in den Wäldern des Riesengebirges seine verheerenden Schneisen hinterläßt, ist kein Kampf. Es ist der schleichende Tod, verbreitet durch die 700–800 m tief hängenden, mit Giftstoffen beladenen Wolken, die unterhalb der Baumgrenze durch die Wälder ziehen. Von den Sesselliften zum Reifträger oder zum Koppenplan aus sind sie gut zu erkennen, ebenso wie auf diesem Bild.

149 Die DREISTEINE zwischen dem Mittagstein und Brückenberg sind eine ausgeprägte Granitgesteinsgruppe mit der typischen Wollsackform. Über das ganze Gebirge verteilt finden sich 99 dieser »Steine«, vor allem auf der Nordseite. Diese geheimnisvollen Schaupätze der Sagenwelt des Riesengebirges haben der Verwitterung länger widerstanden als der grobkörnige Riesengebirgsgranit, der für die Erosion anfällig ist. Die Vertiefungen auf den obersten Steinen wurden als Opferkessel bezeichnet, von denen »Blutrinnen« herabführten. Der Volksmund aber nennt sie »Buschweibellöcher«.

150 Sagenumwoben liegt der GROSSE TEICH unmittelbar unter der 180 m tief abfallenden Steilwand, wo einmal die 1889 erbaute Prinz-Heinrich-Baude stand, die einem Brand zum Opfer fiel. Es hieß, der Große Teich sei grundlos, ja er habe Verbindung zum Meer, aber er weist nur eine Tiefe von 27 m auf. Die dort gefundene Strudelwurmart jedoch, die sonst nur in Nordmeeren zu finden ist, beweist den voreiszeitlichen Zusammenhang mit dem Nordmeer. Später wurden der Große und der Kleine Teich zu Gletscherbecken, aus deren Restmoränen die Lomnitz ins Hirschberger Tal tost.

151 Vor der anmutigen Kulisse des Hirschberger Tales mit den beiden Falkenbergen grüßt die HAMPELBAUDE herüber. 1654 erbaut, war sie die letzte Unterkunft vor dem Aufstieg zum Kamm und zur Schneekoppe. Hier rasteten die Wallfahrer zur Laurentiuskapelle, deren Seelsorger in der benachbarten »Geistlichen Baude« unterkamen. Zu Zeiten von Goethes Einkehr (1790) mag die blinde Harfnerin ihre Gäste unterhalten haben, während uns der Zitherspieler Alfred Wirth mit seinem Gebirgsschlesisch unvergessen bleibt.

152 Es ist kein Wunder, daß die Lieblichkeit des »Kleinen Teiches«, der nur durch einen schmalen Felsgrat vom weiter östlich liegenden »Großen Teich« getrennt ist, in einem Lied besungen wurde. Wenn man bereit ist, heute hier das Waldsterben zu übersehen, dann besticht noch immer die so selten geglückte Verschmelzung der Naturform mit menschlichem Bauwerk. Geradezu aus der Landschaft herausgewachsen ist die KLEINE TEICHBAUDE mit ihrem Umgebindehaus als schlesischem Gebirgshaus. Das hübsche Glockentürmchen wird kaum nur als Zierat erscheinen, wenn man bedenkt, welches Nebelloch sich von der Schlingelbaude bis zur Hampelbaude hinzieht, zwischen denen die Kleine Teichbaude in 1163 m Höhe am Wege liegt. Bei Nebel und Schneesturm kann die Glocke vor dem Sturz ins Wasser warnen. Um die Jahrhundertwende hatte sich der Besitzer der Schlingelbaude im Nebel verirrt und ist nur wenige Meter vom rettenden Haus erfroren. In der Nähe der Schlingelbaude sprudelte eine Stahlquelle, so daß man um 1894 daran dachte, ein Sanatorium mit Badeeinrichtungen zu erbauen.

153 Bei diesem Anblick des zugefrorenen und tief verschneiten KLEINEN TEICHES lockt der Wintersport. Da beide Teiche im Winter eisbedeckt sind, bieten die Teichränder für die schlesische Seite ein Trainingsgebiet für alpinen Skisport, dessen Mittelpunkt die nur wenige Minuten entfernte Hampelbaude ist. Strenge Winter machen auch hier wie im Brunnberggebiet nach Pfingsten noch Skifahren möglich. Die verschneiten Gesteinstrümmer an den aufragenden Teichrändern sind Reste von Moränenwällen, denn beide Teiche waren mit Gletschereis gefüllte Firnbecken. Aus dem kleinen Teich fließt die Große Lomnitz talwärts, gespeist von Zuflüssen aus dem Großen Teich, in einem früher von Geröll ausgefüllten Flußbett. Noch vor der Jahrhundertwende wurde die Lomnitz oberhalb Krummhübels wegen des zerstörenden Hochwassers reguliert durch den Ausbau vieler kleiner Staustufen, über die das Wasser kaskadenartig abwärts braust. Die Lomnitz durcheilt Krummhübel, Arnsdorf, Erdmannsdorf und Lomnitz im Hirschberger Tal und vereinigt sich mit dem Bober.

154 KRUMMHÜBEL wird 1599 in einem alten Zinsbuch das erste Mal erwähnt und erlangte Berühmtheit, als sich evangelische Glaubensflüchtlinge 1622 dort niederließen und die »Krummhübler Laboranten« (das waren Laienapotheker) von sich reden machten. Wenig ist heute von diesen Spuren zu finden, denn Krummhübel und Brückenberg, zwei langsam gewachsene herrliche Ferienorte, nahmen in jüngster Zeit einen touristischen Aufschwung, den man sich auf alle Orte ringsum verteilt wünscht. Der Blick zum Kamm zeigt, wie schlecht die Abgase den Wäldern bekommen.

155 TEICHMANNBAUDE, das ist ein Zauberwort für alle, die einmal hier als Skiküken auf dem großen Platz mit Herzklopfen nach einem Jugendabfahrtslauf oder einem Torlauf gewartet haben. Hat es zu einer Urkunde gereicht? Hier konnte man große Ski-Asse wie Günther Meergans bewundern. Die Teichmannbaude, die zu Brückenberg gehört, war trotz ihrer Größe wegen ihrer gemütlichen Baudenatmosphäre beliebt. Durch die nahe Liftstation zum Kamm hat sie heute diese Behaglichkeit eingebüßt, die gebotene Gastlichkeit wird der traditionellen Eigenart der Baude nicht gerecht.

156 Mit Glück läßt sich auch heute noch ein stiller Winkel finden wie dieser hier im Winterparadies BRÜCKENBERG, das zwischen 650–700 m hoch liegt. Schon sehr früh führte von der Hampelbaude bis hierher eine ausgezeichnete Rodelbahn. Es ist gewiß kein Zufall, daß die internationalen Rodelmeister fast ausschließlich aus den Mittelgebirgen kommen. Das hat sich auch hier in der Blütezeit des Schlittensports gezeigt: Bereits um die Jahrhundertwende zählte man im Gebirge 6000 Sportschlitten und 3930 Hörnerschlitten. Schneebahnen für Hörnerschlittenfahrten waren ein gutes Angebot für Kurgäste. Die heutigen Sessellifte ersetzen die damaligen Pferdeschlittenaufzüge. Die Riesengebirgspferde waren mittelgroße, kräftige und trittsichere Tiere aus steirischem Schlag, denen sich der Schlittengast, in warme Pelze vermummt, beruhigt anvertrauen konnte – vielleicht zu einer Schlittenpartie auf den Kamm zum Koppenplan oder zur Prinz-Heinrich-Baude oberhalb des Großen Teiches. Von dieser beschaulichen Ruhe, die auch von diesem Bild ausgeht, mag der Erfolg der Brückenberger Klimakuren herrühren.

157 Auf Bitten der Gräfin Reden auf Schloß Buchwald ersteigerte der preußische König Friedrich Wilhelm IV. diese in Wang in Norwegen abgerissene Stabholzkirche und ließ sie ins Riesengebirge bringen, wo sie an ihrem heutigen Standort wieder neu aufgebaut und am 28. Juli 1844 eingeweiht wurde. Die KIRCHE WANG wurde zum »Herzepinkel« der Schlesier bis heute, befrachtet mit Liebe und Historie. Sie war das Hochzeitskirchel für Generationen von Verliebten, auch weit über Schlesien hinaus, und ist Symbol für das Wirken einer Frau, der die Geschicke der Bevölkerung am Herzen lagen.

158 Im Sommer hielt sich die königliche Familie oft in den kleinen Schlössern des Riesengebirgsvorlandes auf und pflegte dort ein reges gesellschaftliches Leben. Der preußische König Friedrich Wilhelm III. kaufte 1831 SCHLOSS ERDMANNSDORF von den Erben des Generals Gneisenau und ließ es als Sommersitz herrichten. Karl Friedrich Schinkel machte bei der Besichtigung kein Hehl daraus, daß es nicht in bestem Zustand war und einiger Um- und Anbauten bedurfte. Während der Umbauarbeiten stürzte 1838 der Turm ein. Zwei Jahre später starb Friedrich Wilhelm.

159 In einem 650 m hoch gelegenen Joch der Falkenberge steht dieses JAGDHAUS in alpenländischem Stil, mit schlesischen Umgebindeständern, das König Friedrich Wilhelm IV. hat errichten lassen. Es bestand zu dieser Zeit in Preußen die Vorliebe, auf Aussichtspunkten ein »Schweizerhaus« zu erbauen. In Schlesien waren sie sehr verbreitet und zumeist als Gasthäuser eingerichtet. Wahrscheinlich hat der damals schon rege Fremdenverkehr in die Schweiz Pate gestanden, denn die Erbauung der »Schweizerhäuser« fällt mit der touristischen Erschließung des Riesengebirges zusammen.

160 Der alte Gneisenau sagte über dieses Fleckchen Erde: »Die Natur hat trefflich vorgearbeitet. Die Gegend ist himmlisch, die Mittagseite – nach dem Kamm des Riesengebirges – großartig, die Mitternachtseite – der Blick in die Lomnitzniederung – höchst lieblich.« Durch diese Gegend der vielen FISCHBACHER TEICHE und der Lomnitzer Heide ließ Friedrich Wilhelm IV. einen Weg als Verbindung zwischen den Schlössern Erdmannsdorf und Fischbach anlegen, den Königsweg. Von ihm aus gelangt man zum Mariannenfels (716 m), benannt nach Marianne, Prinzessin von Preußen.

161 SCHMIEDEBERG, heute Luftkurort mit mehr als 11 000 Einwohnern, zieht sich über mehrere Kilometer im Tal der Eglitz vom Paßberg herunter, begrenzt durch den Landeshuter Kamm. Es verdankt seine Entstehung den großen Vorkommen an Magneteisenstein. Bereits 1148 soll es hier mehrere Eisenhämmer gegeben haben, in denen 200 Bergleute beschäftigt waren. Von Schmiedeberg aus wurden Donnerbüchsen, Sensen, Pfannen und Messer in alle Welt geliefert. Friedrich II. machte 1747 das Städtchen zur freien Bergstadt. Später konnte die Leinenherstellung Fuß fassen.

162 Die Schneekoppe spiegelt sich in einem romantischen See, dem niemand ansieht, daß er eine frühe soziale Maßnahme eines wohlhabenden Bürgers der Stadt Schmiedeberg war, um Arbeitslose zu beschäftigen. Der schlesische Handelsherr Gebauer ließ diese wunderschöne Anlage auf eigene Kosten erstellen. Auch die Insel in der Mitte ist künstlich angelegt und war ein gern besuchtes Ausflugsziel. Dies gilt auch heute noch, denn selten ist ein derart gepflegter FREIZEITPARK zu finden. Hier liegt der Gebirgskamm so nahe, daß man die Bauden auf dem Koppenplan erkennen kann.

163 Aus der Blütezeit schlesischer Leinenstädte stammen auch diese beiden GRABKAPELLEN an der Kirche von Alt Schmiedeberg. Ähnlich wie in Hirschberg zeugen sie von der Wohlhabenheit und dem Kunstsinn der Leinenkaufherren, die barocke Bauten bevorzugten. Es ist anzunehmen, daß hier die gleichen Steinmetze die Grabkapellen schufen; sie sollen um 1740 erbaut worden sein. Obwohl sie äußerlich gut erhalten scheinen, sind die Beschädigungen nicht zu übersehen. Schade, daß dadurch kein Hinweis mehr zu finden ist, für welche Familien einst diese Kapellchen erbaut wurden.

164 Die GRENZBAUDEN bilden ein geschlossenes Dorf in etwa 1000 m Höhe, das sich nach beiden Seiten über die Grenze hinzieht. Ihm gehören eine Reihe von Einzelbaudengruppen an, wie die Hübnerschen und Adolfgrenzbauden, die Tippelt- und die Goderbaude. Auf der anderen Seite der Grenze liegen die schlesischen Grenzbauden am Fiebigweg, der durchs Pandurenhau und durch Gießhübel nach Oberschmiedeberg verläuft. In der Nähe führt der wichtige Paßübergang von Schatzlar nach Schmiedeberg, über den im Mittelalter Gold, Silber und Eisenerze transportiert wurden.

165 LANDESHUT liegt am oberen Lauf des Bobers an einem Paßdurchgang zwischen dem Landeshuter Kamm und dem Waldenburger Bergland. Die Gründung der Stadt als Grenzbefestigung geht zurück auf das ausgehende 13. Jahrhundert. Heute leben dort über 21 000 Einwohner, es gibt Fachschulen für Textil- und Bekleidungsindustrie. Damit wird die Tradition der Stadt fortgesetzt, die durch Leineweberei und später auch Schleierweberei eine wirtschaftliche Blüte erlebte. Viele Bauwerke, wie diese anmutigen Laubengänge, stammen noch aus dem 17. und 18. Jahrhundert.

166 Nur wenige Weberhäuser im Gebirge sind so bekannt wie diese Holzlaubenhäuser in SCHÖMBERG, die »Zwölf Apostel«. Sie wurden 1707 erbaut, als die Handweberei sich auf dem Höhepunkt befand. Später wurde auch sie von den Weberunruhen des Jahres 1793 berührt, die G. Hauptmann gestaltet hat. 1874 besaß Schömberg drei Textilfabriken. Es ist an der böhmisch-schlesischen Grenze um 1275 gegründet worden und stand in der Folgezeit unter böhmischer, habsburgischer und preußischer Herrschaft. Der Ort liegt in einer Talmulde zwischen Raben- und Überschargebirge.

167 Im Klostertagebuch von GRÜSSAU ist unter dem 7. bis 9. Mai 1945 zu lesen: »Wir sind doch dageblieben, wir können nicht mehr weit, alles ist überfüllt. Wir rufen zum Herrn bei den Bittprozessionen...« Wer vor dieser barokken Kanzel steht, wird von Dank erfüllt sein, daß das Kloster, dieses Glanzstück deutschen Barocks, im wesentlichen vom Krieg verschont blieb. Es wurde in seiner heutigen Form im 17. und 18. Jahrhundert vom Zisterzienserorden neu gestaltet. Kloster Grüssau ist ein sichtbarer Ausdruck der kulturell so fruchtbaren böhmisch-schlesischen Zeit vor der friderizianischen. In der Klosterkirche fallen die vielen Putten und Engeldarstellungen auf, in Grüssau häufiger anzutreffen als in anderen Klöstern. Viele der prachtvollen Schnitzereien des Orgelprospektes und des Chorgestühls kommen aus der Grüssauer Bildhauerwerkstatt unter der Leitung Anton Dorasils († 1759). Die Orgel selbst (erbaut 1732–1736) stammt von Schlesiens größtem Orgelbauer des 18. Jahrhunderts, Michael Engler aus Brieg, der auch die Orgeln der Elisabethkirche zu Breslau und der Nikolaikirche in Brieg schuf.

168 In einer Senke des Ziedertales im Kreis Landeshut, an der böhmisch-schlesischen Grenze liegt Grüssau mit seinem barocken Kloster. Die Doppeltürme des MARIENMÜNSTERS grüßen ins Land hinein. Die Witwe Herzog Heinrichs II., der 1241 in der Mongolenschlacht gefallen war, Herzogin Anna, gründete Kloster Grüssau für Benediktinermönche aus Böhmen. 1292 wurde es von Zisterziensern aus Heinrichau übernommen, deren eigenes Kloster die Mongolen zerstört hatten. Kloster Grüssau hat eine wechselvolle Geschichte, doch wie eh und je erstrahlt es in seinem Glanz.